JUNIOR ZAPATA

AGORAFOBIA
EL MIEDO QUE PARALIZA A LA IGLESIA

Editorial Vida

Especialidades Juveniles

*La misión de Editorial Vida es ser la compañía líder en comunicación cristiana que satisfa-
ga las necesidades de las personas, con recursos cuyo contenido glorifique a Jesucristo y
promueva principios bíblicos.*

AGORAFOBIA
Edición en español publicada por
Editorial Vida – 2009
Miami, Florida

©2009   por Junior Zapata

Edición: *Virginia HImitian*
Diseño interior: *CREATOR studio.net*
Fotografía: *Martín Piñeyro / Davide Guglielmo*

ISBN: 978-0-8297-5548-0

CATEGORÍA: Vida cristiana / Liderazgo

IMPRESO EN ESTADOS UNIDOS DE AMÉRICA
PRINTED IN THE UNITED STATES OF AMERICA

09 10 11 12 ❖ 6 5 4 3 2

CONTENIDO

Guillermo:
Con respeto y cariño!

Lucas

PRÓLOGO

Hace algunos años volé a Hawai porque tenía que participar como orador en una conferencia. Llegué al hotel y traté de dormir. Desafortunadamente, mi reloj interno me despertó a las tres de la mañana. La noche era oscura, las calles silenciosas, el mundo estaba dormido, pero yo me encontraba bien despierto y mi estómago rugía de hambre.

Me levanté y rondé las calles buscando algún lugar donde comer huevos y tocino, quería un desayuno tempranero.

Todo estaba cerrado con excepción de una vieja y pequeña cafetería al final de un callejón. Entré y me senté en uno de los bancos altos de la barra. El tipo gordo que estaba detrás del mostrador se acercó y me dijo con un tono gruñón: «¿Qué va a querer?»

Bueno, para entonces, ya se me había quitado el hambre. Pero al ver unas roscas adentro de un recipiente plástico, le respondí: «Quiero una rosca y un café negro».

Mientras me encontraba sentado allí comiendo una de las roscas y sorbiendo el café a las tres y media de la mañana, entraron hablando fuerte y riéndose escandalosamente ocho o nueve prostitutas muy provocativas. Venían de terminar su trabajo de esa noche. Se sentaron también en la barra, y al instante descubrí que me encontraba incómodamente rodeado por este grupo de prostitutas que fumaban y decían malas palabras.

Me atraganté con el café deseando salir lo antes posible de esa situación.

De repente, la que estaba a mi lado le comentó a otra: «¿Sabes qué? Mañana es mi cumpleaños. Cumplo treinta y nueve años». A lo que la compañera, en forma de burla, le contestó: «¿Y qué esperas de mí? ¿Una fiesta de cumpleaños? ¿Eh? ¿Quieres que te consiga un pastel y te cante cumpleaños fe-

liz?». La que cumplía años le contestó: «Oh, ¿por qué tienes
que ser tan mala conmigo? ¿Por qué siempre me rebajas así?
Solo estaba diciendo que es mi cumpleaños. No quiero nada
de ti. ¿Por qué iba a esperar una fiesta de cumpleaños ahora,
si nunca en mi vida me han celebrado una?».
Al escuchar sus palabras tomé una decisión. Me quedé sentado y esperé hasta que las mujeres se hubieron ido.
Inmediatamente después le pregunté al gordo de la barra:
-¿Ellas vienen aquí todas las noches?
-Si -contestó él.
-¿Y la que estaba aquí sentada -le pregunté- viene todas las
noches?
-Sí -dijo,- se llama Agnes. Ella viene todas las noches. Ha
estado viniendo por años. ¿Por qué quieres saber?
-Porque acaba de decir que mañana es su cumpleaños. ¿Qué
dices? ¿Crees que tal vez podamos organizarle una pequeña
fiesta de cumpleaños acá en la cafetería? -inquirí.
Una sonrisa ocurrente surgió de entre sus cachetes redon-
dos.
-Eso sería genial -me respondió- Sí, eso sería genial. Me gus-
ta la idea. Mañana es el cumpleaños de Agnes y este quiere
hacerle una fiesta aquí -gritó el gordo.
Su esposa salió de la cocina.
-Eso sería genial -dijo- ¿Sabes?, Agnes es muy buena gente.
Siempre está tratando de ayudar a otros y nunca nadie ha
hecho algo por ella.
Así que hicimos planes.
Yo les dije que regresaría la siguiente madrugada a las dos
y media de la mañana con algunos elementos decorativos de
cumpleaños. El gordo, que se llamaba Harry, prometió hacer
un pastel.
A las dos y media de la madrugada siguiente regresé al bar.
Había conseguido guirnaldas de colores y un cartel que de-
cía: «Feliz cumpleaños, Agnes».
Decoramos el lugar para que se viera lindo. Harry había con-

tado en la calle acerca de la fiesta de cumpleaños y para las tres y cuarto de la mañana todas las prostitutas de Honolulu se encontraban ahí. Había prostitutas de pared a pared. Y yo, en medio de ellas.

A las tres y media en punto, la puerta se abrió y entró Agnes con sus amigas. Yo ya tenía a todos preparados. Así que gritamos: «¡Feliz cumpleaños, Agnes!»

Agnes nunca antes había sido sorprendida de esa manera. Estaba petrificada, tenía la boca abierta de par en par, las rodillas le temblaban y casi se cayó al suelo.

Cuando apareció Harry con el pastel y todas las velas encendidas, Agnes perdió toda la compostura y comenzó a llorar sin parar.

Harry, que no estaba acostumbrado a ver a una prostituta llorar en su cafetería, con voz quebrada le dijo: «Sopla las velas, Agnes. Corta el pastel».

Cuando Agnes logró recobrar su compostura, se acercó al pastel y con un soplido apagó las velas. Todos gritaron y celebraron: «¡Corta el pastel Agnes, corta el pastel!». Sin embargo Agnes, sin poder quitarle los ojos de encima al pastel, preguntó: «Harry, ¿está bien...? ¿Está bien si me quedo con el pastel unos momentos? ¿Está bien si no nos lo comemos de inmediato?» Harry no sabía qué decir, así que se encogió de hombros y le respondió: «Claro, si eso es lo que quieres hacer. Quédate con el pastel. Llévatelo a tu casa si quieres».

«¿De veras puedo?», averiguó Agnes mirándome. «Yo vivo al otro lado de la calle. Quiero llevarme el pastel a casa, ¿está bien? Regreso ahora mismo, lo prometo».

Así que se levantó de la banqueta, tomó el pastel como si fuera el Santo Cáliz, y salió.

Todos quedaron atónitos en silencio cuando la puerta se cerró detrás de Agnes. Nadie sabía qué hacer. Todos se miraban unos a otros y luego me miraron a mí.

Así que me paré en una silla y dije: «¿Qué les parece si oramos todos juntos?»

Y ahí, en esa cafetería vieja y sucia, la mitad de las prostitutas de Honolulu me escucharon orar a las tres y media de la mañana por Agnes, su vida, su salud y su salvación.

Recuerdo que le pedí a Dios que cambiara su vida y que fuera bueno con ella.

Cuando terminamos, Harry se acercó y con algo de hostilidad en la voz me dijo: «Eh, ¡tú nunca me dijiste que eras un predicador! ¿A qué clase de iglesia vas?»

En uno de esos momentos de inspiración en el que las palabras correctas brotan naturalmente, le contesté: «Yo pertenezco a la clase de iglesia que le hace fiestas de cumpleaños a las prostitutas a las tres y media de la mañana».

Harry se quedó pensando por un momento y agregó: «No, eso no puede ser. No existen iglesias así. Si las hubiera, yo asistiría a una. ¡Sí! Yo quisiera ir a una iglesia así».

De modo que al empezar este libro, yo te pregunto: ¿A qué clase de iglesia vas? ¿Qué clase de iglesia estás «haciendo»?

Junior Zapata explora esta temática, que no es nueva pero sí pertinente para la iglesia de hoy.

¿Qué iglesia es la que necesitamos para cambiar al mundo?

¿Qué nos detiene para ser la clase de iglesia que le celebra el cumpleaños no solo al millonario, sino a la prostituta?

En estas páginas Junior nos lleva a descubrir el miedo que tenemos de agasajar a una prostituta a las tres y media de la mañana y acercarnos a las personas que necesitan a Jesús. Nos hace pensar y meditar en si no valdría la pena perder ese temor.

TONY CAMPOLO

INTRODUCCIÓN

Este libro empieza en el libro anterior, *La Generación Emergente*.

Alguien describió *Agorafobia* de esta manera: «Es igual al anterior, ¡pero diferente!»

En *Agorafobia* expongo el miedo de abordar al «mundo» que creo que tenemos como iglesia, y el temor a permitir que los cambios necesarios ocurran en nuestro medio a fin de ser eficientes en la misión transformadora que tenemos por delante.

En el siglo pasado, en el año 1968, uno de mis grandes héroes dijo en una entrevista: «Recientemente leí que existen alrededor de cien organizaciones que tienen planeado evangelizar todo el mundo para el año 2000. Les deseo lo mejor; pero no importa lo bueno que sea el trabajo, siempre habrá más. Cada generación necesita ser reevangelizada».

Creo que Billy Graham sabe un poco acerca de evangelización. En 1968 él ya preveía el dilema de las generaciones y sus culturas. ¡Esto lo dijo en 1968! ¡Estamos en el siglo XXI y aún tenemos que discutir y tratar de convencer a los demás de que una nueva generación necesita de una nueva iglesia!

Ese es el propósito de este libro.

A través de los años, varios amigos atrevidos me han dicho que soy un profeta. La verdad es que no llego a tal honor; me acerco más a la burrita de Balaam que ha tenido que hablar porque los que deberían haber hablado no lo han hecho.

El poeta Robert Frost dijo: «*No hay sorpresa aquí para el escritor, no hay sorpresa aquí para el lector*». No esperes aquí el alumbramiento ni la clave del éxito; por el contrario, tal vez encuentres en estas páginas un tanto de frustración.

Seré frontal: digo desde el principio lo que creo que hay que decir. Mi amigo Horacio, poeta romano que escribía cincuenta años antes del nacimiento de Jesús, dijo que los escritores deberían tratar de decir lo antes posible lo que van a decir. Intento lograrlo en este libro y creo que Quintus Horatius Flaccus (su verdadero nombre) estaría muy orgulloso de mí. Arrogantemente, trato de definir a la generación eclesiástica en la que vivimos, intento ponerla en el mapa topográfico de la historia y al mismo tiempo cambiar a la iglesia y la historia.

No pretendo cambiar toda la iglesia, solo la tuya. No toda la historia, solo la tuya.

Solo presento el desafío de repensar el cristianismo y reimaginar la iglesia. De considerar las veredas antiguas: ¿Cómo soñó el Señor originalmente que viviéramos el cristianismo y constituyéramos la iglesia?

El temor detiene a la iglesia, y no es el miedo al diablo ni a ninguno de sus primos. Es el miedo «al mundo»; a esa estructura y sistema de pensamiento al que, Pablo nos advierte, no nos debemos amoldar. Y por temor a ser moldeados, dejamos a la deriva la cultura, la sociedad y todo aquello que como iglesia deberíamos transformar. Entonces, caemos en la trampa de fomentar más el afianzamiento del mismo sistema al que no queremos pertenecer.

Estas páginas son para leer con lentitud y paciencia, para dialogar con ellas a solas. Escucha lo que lees y fíltralo. Piensa y medita. Compara y cuestiona. No permitas que la lectura te lleve sin cuidado ni reservas.

No dejes que las letras te capturen y te convenzan. Nadie está tratando de convencerte, estoy tratando de que consideres lo que digo.

Siempre hay un referente y un punto fijo. Siempre hay un puerto seguro al que puedes regresar para echar tu ancla: La Palabra de Dios.

No esperes de mí un «cómo hacerlo». Tampoco pretendo decirte «qué hacer»; de eso ya hay muchos; están todos aquellos que siempre intentan decirnos cómo debemos actuar.

En estas páginas lo que voy a transmitirte es el «porqué» de un gran «¿por qué?» Pues sé que si entiendes el porqué, sabrás el cómo.

Si buscas respuestas, me disculpo, porque este es un libro de preguntas. Pablo Picasso dijo que las computadoras le resultaban inútiles porque solo le daban las respuestas. A veces, los que escribimos resultamos ser como los ordenadores, solo proporcionamos respuestas y no planteamos interrogantes.

De modo que en este libro no respondo a la pregunta de cómo compartir el evangelio en una nueva cultura, sino que inquiero: ¿Por qué se cree que solo existe cierta forma de hacerlo?

Un escritor europeo del siglo XIX dijo que aquel que tiene un «porqué» suficientemente fuerte, podrá soportar casi cualquier «cómo». Por eso yo insisto tanto en que tengamos muy claro el «¿por qué?», de modo que el «cómo» se convierta en una herramienta capaz de modificarse según la necesidad.

Toma un lápiz, un crayón o marcador de color. Escribe sobre las líneas que no te gusten y escribe el margen cuando algo te resulte interesante.

Si te hace enojar, revolea el libro contra la pared. Si te hace reír, dale gracias a Dios por la risa. Si te bendice, regálale una copia a un amigo que necesite enojarse, otra a un amigo que necesite reírse y una tercera a alguien que necesite leerlo. Lo único que te pido es que no dejes el libro por la mitad. Dale su tiempo. No empujes la mesa mientras está servida, termina; tal vez puedas aprender algo, sin la pretensión de ser yo el que te lo enseñe.

En Francia tuve un profesor que solía decir: «Nadie sabe escribir», y resulta muy cierto, sin embargo, de alguna forma misteriosa, todos en algún momento terminamos escribiendo algo. Y yo me senté a escribir este algo.

Por ahí dicen que todo ya está escrito. Lo creo. Estoy seguro de que lo que aquí escribo alguien ya lo pensó, lo dijo, o tal vez se atrevió a escribirlo. No se trata de la novedad, ni de la revelación. Es sencillamente que tenemos que perder el miedo a abordar la cultura para ser capaces de redimirla. Este libro ha sido una aventura. Ha sido como recorrer un camino largo en una noche oscura con las luces del vehículo solo alumbrando unos pocos metros al frente. Y como dijo una amiga, es muy poco lo que se ve, pero bien puedes llegar al final solo con eso.

Dicen que si queremos ver reír a Dios, todo lo que tenemos que hacer es contarle nuestros planes. Creo que Dios ahora mismo ríe, porque en parte este libro tiene que ver con mis planes.

Algunos capítulos los escribí pensando en amigos que están en el frente de batalla, en las trincheras. Amigos que Dios, con humor y picardía, incluyó en el libreto de mi vida. A través de los años, Dios ha tejido nuestras vidas en una historia bordada con risas, lágrimas, intrigas y momentos de profunda inspiración.

El capítulo *Tormenta en el desierto* lo escribí pensando en Rony Madrid y Lucas Leys. *Mi amigo Sergio* es en honor a mi amigo Felix Ortíz. *Mujeres* está inspirado en Beatriz de Zapata (mi mamá) y en Karen Lacota. *El miedo* fue escrito teniendo en mente a mis amigos Luis Campos y Edgar Lira. Ellos abrirán senderos que pronto otros recorrerán como amplias calzadas, sin pensar en quién desmalezó el camino.

Un filósofo que me cae mal dijo que un buen escritor no solo posee su propio espíritu, sino también el espíritu de sus amigos. No me considero un buen escritor, pero sí creo que tengo el espíritu de mis amigos; los jóvenes alumnos del Instituto Evangélico América Latina en Guatemala, que año a año me enseñan lo retrógrado que soy. Además, están todos mis amigos del equipo extendido de Especialidades Juveniles a través de todo el continente.

No obstante, en especial, se encuentran mis amigos Alex y Cindy Pérez, Kike y Paola Guevara, Howard y Heidi Andruejol, Willy y Arely Gómez, David Padilla y Krysti Motta, Loli y

Nati Bauso, Paolo y Karen Lacota, Lucas y Valeria Leys, y mi mejor amiga, Any, mi esposa. (¡Nadie como tu Any, nadie!) A todos estos pobres los he tenido que aguantar mientras ellos me aguantan a mí. Han sido una inspiración cuando no tenía aliento y un sostén cuando tropezaba. Con nadie me enojo más y con nadie río más. A ustedes, mis amados amigos, dedico este libro. ¡Léanlo!

JUNIOR ZAPATA
Guatemala, enero 2009

JUAN 17

«LAS MASAS HUMANAS MÁS PELIGROSAS SON AQUELLAS EN CUYAS VENAS HA SIDO INYECTADO EL VENENO DEL MIEDO... DEL MIEDO AL CAMBIO».

OCTAVIO PAZ

Sus ojos, entrecerrados para ver las estrellas, seguían con nostalgia el poema de la expansión celeste recitado al ritmo del destello y a la cadencia del titileo.

Algo le decían las lumbreras. Conocía bien sus voces de viejas amigas con las que de niño había jugado. Era como leer en ellas una historia, le contaban algo que iba a terminar... Le susurraban algo que iba a comenzar.

En la penumbra, caminaba entre los viejos olivos. Sus manos tocaban las ramas que ansiaban abrazarlo como a un viejo amigo al que se despide. Las hojas verdes de negro profundo, oscurecían cálidamente el sendero jugando a ser sombra bajo la mirada blanca de una luna palestina.

A unos pasos, sus mejores amigos lo seguían. Siempre tratando de caminar a su lado, pero siempre atrás, siguiéndole. Estaban; si bien iban detrás, estaban. Caminaban; si bien atrás, pero caminaban. No se encontraba lejos de ellos, pero sí a la distancia.

Y aun abrazado por los olivos, arrullado por las estrellas y acompañado por sus amigos, la noche iba perdiendo belleza. Enseñando sus colmillos de perra salvaje, la soledad comenzaba a rodearlo como jauría, acercándosele sin sigilo, buscando la yugular

En sintonía, el viento, las estrellas y los olivos hicieron una pausa. Al instante Jesús habló. Sus mejores amigos, al sentir las palabras romper el aire de la noche, vieron como su mirada traspasaba las estrellas.

Ahí, hablando con el Padre, Jesús sacudía el destino, empujando el futuro hacía nosotros.

Sus palabras aún resuenan en el viento y hacen eco en nuestros corazones; ¡su oración nos ha alcanzado!

Esta oración, que llamamos «la última oración», tiene el tono de un bolero triste. Es la última. En ella está contenida la esencia de la relación de Jesús con el Padre y la esencia de nuestra relación con el mundo. Porque aunque se nos ha dicho lo contrario, sí tenemos una relación con el mundo, una relación que hay que nutrir, profundizar y solidificar.

Tirado sobre una piedra, acechado por el silencio traicionero de la noche, Jesús pedía por nosotros. No suplicaba que nos aisláramos del mundo, sino precisamente que participásemos de él.

Aferrado a esa piedra como un niño triste abraza la almohada, Jesús dejaba caer sus lágrimas al pensar que tal vez el mundo por el que iba a morir sería olvidado por las personas que él mismo redimiría.

Jesús se despedía, confiándonos su legado a ti, a mí, a la iglesia.

La noche se tornó nostálgica y triste en esa despedida. Era como si Jesús no se quisiera ir; no deseara dejar a sus amigos, a su gente. No quisiera dejar este mundo. No tuviera ganas de alejarse de este mundo.

Sí, dejó toda la vastedad de la eternidad para estar en un diminuto y limitado confín del espacio y el tiempo, pero se enamoró de nosotros, se enamoró de este mundo.

Varias veces expresó que debía irse. «Me tengo que ir», decía con tristeza. «Si no me fuera, no podría preparar lo que tengo que preparar». «Si no me voy», y la voz se le quebraba, «ustedes no van a ser capaces de hacer lo que tienen que hacer».

Erasmo, un pensador renacentista, cuenta que cuando Jesús llegó al cielo, los ángeles corrieron a recibirlo y se amontonaron a su alrededor. Le hacían toda clase de preguntas para saber de sus aventuras con sus mejores amigos. Jesús, sonriendo, les contaba todo y emocionado les describía cómo les había dejado el legado de llevar su mensaje al mundo que él amaba.

Uno de los ángeles lo interrumpió, y con voz suave le preguntó: «Señor, ¿y cómo va a suceder eso?» «Bueno», le respondió Jesús, «he dejado a doce hombres fieles que continuarán lo que yo comencé».

«¿Pero qué pasará si ellos no hacen el trabajo?», siguió inquiriendo el ángel. Jesús, haciendo una pausa, agregó con la voz quebrada: «No tengo otro plan. Ellos son mi plan».

Tenemos que entender que como cristianos no tenemos una misión. Como cristianos nosotros somos la misión.

El púlpito no es el único lugar en el que se debe predicar. Nuestros pastores y líderes no son los únicos «autorizados» para anunciar el evangelio. Pastores y heraldos somos todos.

Ha llegado el día de democratizar el evangelio y su liderazgo, de desmonopolizarlo, de sacarlo de la iglesia y llevarlo a las masas, a los individuos. Es hora de acercarles el evangelio a nuestros amigos y amigas y no de forzarlos a ir a donde el evangelio está «guardado».

Hoy es tiempo de perderle el miedo al mundo. Hoy es tiempo de amar al mundo.

No podemos seguirle hablando del amor de Dios a un mundo que oye que lo criticamos con arrogancia porque está «perdido». Si el mundo está perdido, es responsabilidad de aquellos que lo criticamos, pues por perder el tiempo criticándolo no hemos tenido tiempo de salir a buscarlo.

Desde la plataforma de una iglesia, desde lo profundo de nuestras actividades eclesiásticas, y desde la burbuja del cristianismo nunca podremos divisar el mundo que damos por perdido. El mundo está como está porque la iglesia está donde está.

EL PROBLEMA DE AMÉRICA LATINA SOMOS LOS CRISTIANOS LATINOAMERICANOS.

19

El problema de América Latina no es América Latina. El problema no somos los latinoamericanos. El problema de América Latina somos los cristianos latinoamericanos.

No se dónde estamos los cristianos. No se dónde vivimos los cristianos que no aparecemos, que no adquirimos importancia. En las iglesias afirmamos que somos muchos, pero nadie nos toma en cuenta. Sostenemos que somos mejores, pero la gente nos considera mediocres. Decimos que el evangelio todo lo cambia, pero predicamos en contra del cambio. Hablamos del futuro mientras vivimos en el pasado.

El miedo al mundo ha paralizado a la iglesia. El temor a estar en donde Jesús quiere que estemos nos ha hecho dejar de ser la misión que tenemos que ser.

Hemos guardado el evangelio en una bóveda cerrada en la que nada entra y nada sale. Lo hemos encadenado a la historia y la tradición.

El evangelio está congelado en la sala criogénica de nuestras iglesias. Hemos almacenado en hermosas y elegantes bodegas la medicina que cura todos los males; y la hemos reservado solo para aquellos que van a nuestras reuniones, ven nuestro canal de televisión y escuchan nuestra emisora de radio.

«Padre», pide Jesús, «no te pido que los quites del mundo, sino que los protejas del maligno».

«Ellos no son del mundo, como tampoco lo soy yo», sigue orando.

«Como tú me enviaste al mundo, yo los envío también al mundo».

«Ellos» no son personajes ficticios o figuras históricas. *«Ellos»* somos nosotros. Jesús estaba hablando de la iglesia contemporánea; estaba hablando de ti y de mí.

El aislamiento que pretendemos como cristianos resulta absurdo. Jesús mismo le pidió al Padre que no nos aislara. Él mismo nos «envió» al mundo que tanto hemos aprendido a odiar.

¡Qué triste! El mundo que nos necesita es el mundo del que nos queremos aislar.

Detrás de nuestras canciones y conferencias cristianas, tras nuestros medios cristianos de comunicación masiva, debajo de nuestra sub cultura cristiana y nuestra actitud de aislamiento, percibo que no hay otra cosa que el temor a abrazar al mundo para que sienta a Jesús.

La Organización Mundial de la Salud definió en 1992 el término «agorafobia» no solo como el miedo a los espacios abiertos, sino también como el temor a estar en presencia de una multitud a la que uno no puede controlar. Una de las reacciones es sentir la necesidad de escapar rápido y regresar a casa para esconderse.

Agorafobia es la condición clínica de una persona que tiene ansiedad y miedo a encontrarse en una situación de la que no puede salir. Tiene que ver con el temor a estar afuera, en espacios abiertos, entre multitudes.

La agorafobia se desarrolla cuando una persona empieza a evadir los espacios abiertos o las situaciones asociadas debido a la ansiedad que le produce no tener el control de las cosas.

Es increíble la ansiedad que sentimos los cristianos al estar en lugares o situaciones que no somos capaces de controlar como controlamos todo lo que sucede en nuestras reuniones de iglesia.

Allí podemos controlar hasta la temperatura, y eso hace que nos sintamos cómodos; pero en la plaza, en donde hay que debatir; en el gobierno, en donde hay que dialogar; en la universidad, en donde hay que pensar, sube notablemente el nivel de ansiedad; entonces, nos resulta difícil salir a esos espacios.

Si analizamos las raíces del término agorafobia, descubriremos que significa miedo al mercado. En griego «ágora» significa mercado, plaza. El mercado, la plaza, el «ágora» para los griegos, no solo era el lugar en el que vendían productos de toda clase y cultura, sino que también constituía el espacio en el que se debatían las ideas y se discutían los diferentes puntos de vista.

En nuestros mercados y plazas latinoamericanas hay de todo. En la plaza de la cultura y en el mercado de la sociedad se gestan ideas todos los días. En el escenario está el podio por el que todos pasan para tener su momento de expresión, pero los cristianos no llegamos hasta él, estamos ausentes. ¡Hacemos falta!

Mientras muchos pasamos nuestro tiempo detrás del púlpito de un templo hablando del aislamiento, el podio en el escenario cultural carece de la propuesta de Cristo.

En un frío y oscuro cuarto, a la luz de una vieja vela de iglesia, se encorvaba sobre su buró un estudioso monje agustino. Ahí, meticulosamente, el monje traducía el Nuevo Testamento del griego al alemán. Su calendario, trazado a mano, marcaba el año 1521.

En esa época, la Biblia estaba escrita en latín. Solo los que habían estudiado y aquellos que pertenecían a un círculo privilegiado comprendían ese idioma, y por ende, solo ellos entendían la Biblia.

Cuando Martín Lutero decidió publicar la Biblia en alemán en 1522, el escándalo adquirió proporciones revolucionarias. El liderazgo de la iglesia se levantó en protesta unificada usando el púlpito como plataforma de crítica contra la infamia de traducir las Sagradas Escrituras al lenguaje del pueblo. La Biblia,

21

pensaban ellos, debería ser celosamente guardaba dentro de las bóvedas sagradas de las catedrales cristianas.

La Biblia se leía únicamente en la iglesia y solo en latín, aunque apenas unos pocos fueran capaces de comprender lo que realmente se estaba leyendo.

La gente del pueblo, la sociedad en general en esa región del mundo, hablaba alemán, no latín, por lo tanto no entendía cuando se leía la Biblia.

La misa también se daba completa en latín, aunque la gente que llegaba a la reunión no hablara ni una sola palabra en ese idioma.

Hoy en día vemos lo absurdo que resulta leer la Biblia y decir misa en un idioma que la gente no entiende. Sin embargo, ¿cómo nos juzgará la historia a nosotros? En algún sentido seguimos teniendo la misa y leyendo la Biblia en latín. El mundo no nos entiende. El mundo no comprende el evangelio porque se lo damos en un idioma que no es capaz de entender.

Después de Lutero, la Biblia dejó de ser un libro extranjero escrito en una lengua extranjera. ¡La Biblia estaba en el idioma del pueblo! Luego se tradujo al francés, el holandés y el inglés; y un estudioso y valiente español la tradujo a nuestro hermoso idioma.

El hecho de que el evangelio corriera libremente entre las aldeas, pueblos y ciudades ya no dependía de la capacidad de unos cuantos; ahora, cada persona podía leer las Escrituras en su idioma. No dependían del púlpito, ni de las iglesias; podían depender de la misma Palabra de Dios.

Es triste que hoy en día la cultura tenga que depender del púlpito, el líder cristiano y el predicador para alcanzar su salvación. Es como si el evangelio no estuviera en nuestro idioma. Como si no tuviéramos autorización de llevar a nuestros amigos o compañeros de empresa al conocimiento de Jesucristo.

Después de la Reforma, con el tiempo, la iglesia aprendió a «acreditar» a ciertas personas para predicar, para llevar el evangelio a otros. Quinientos años después, seguimos pensando de esa forma arcaica. Pero esos tiempos se están acabando.

Esa costumbre tiene su origen en dos situaciones. Una, el hecho de que muchos que andaban por ahí se hacían pasar por maestros protestantes y no estaban facultados ni espiritual ni intelectualmente para ello. Entonces, la iglesia como institución se vio en la necesidad de «ordenar» o «comisionar» a ciertas personas para que se dedicaran a enseñar la Biblia y evangelizar a «tiempo completo». Les otorgaban, de ese modo, un «permiso» para hablar de Jesús.

La otra situación resulta aun más absurda y pagana. Tiene sus raíces en las costumbres salvajes de la conquista, el control y la guerra.

Los reyes de Inglaterra escogían soldados y los elevaban al nivel de «caballeros». Estos «caballeros» llegaban ante el trono real y se arrodillaban (¡qué aberración!) delante de esos reyes. Los reyes, con una espada, les tocaban los hombros y les otorgaban el nombramiento. De modo que esos caballeros salían con la autorización real de matar a todos los que no se convirtieran al cristianismo. (¡La verdad es que hacían otras cosas que eran buenas, pero mi enojo toma el control!) Hoy tú ya estás autorizado. Hoy ya estás acreditado. Nada te detiene: el cielo ha puesto sus manos sobre tus hombros, has sido comisionado, has sido ordenado para predicar.

TE ENCUENTRAS INSERTO EN LA CULTURA Y HABLAS EL IDIOMA. ¡QUÉ MARAVILLA! LA BIBLIA ESTÁ EN TU IDIOMA, NO EN LATÍN, LA PUEDES COMPARTIR.

23

¿Qué esperas? Te encuentras inserto en la cultura y hablas el idioma. ¡Qué maravilla! La Biblia está en tu idioma, no en latín, la puedes compartir. ¡La Biblia se encuentra en el idioma de tus amigos!

A través de los años, dentro de nuestra sub cultura cristiana hemos desarrollado nuestro propio lenguaje. Este es un idioma que tiene mucho sentido para los que vivimos en la aldea; sin embargo, el mundo no lo entiende. El evangelio se pierde al permanecer únicamente dentro de nuestra aldea porque tan solo los que vivimos en ella hablamos ese idioma.

El mundo contemporáneo está a la espera de un monje que

traduzca el evangelio a su idioma. Un monje revolucionario con corazón de sirviente, un loco que entienda que anunciar el evangelio en el lenguaje del mundo resulta más importante que sostener tradiciones buenas pero que no llegan al mundo en el que vivimos.

Jesús quiere que regresemos al vecindario y nos hagamos amigos de los vecinos, y que nos comuniquemos con ellos en su idioma.

Jesús quiere que tú estés con ellos. Que comas con ellos. Que te conozcan. Porque si no te llegan a conocer a ti, ¿cómo llegarán a conocerlo a él? Nadie confiará en Jesús si antes no confía en un seguidor de Jesús. Tú no estás en el mundo para cumplir el plan de Jesús, estás aquí porque *eres* el plan de Jesús. La súplica de Jesús fue que no te alejaras del mundo por el que él vino a morir. Él no quería que te aislaras, que te fueras a vivir a un vecindario seguro rodeado de gente que comparte tu fe.

No te aísles de tus amigos. No te aísles de tus amigas. Ámalos profundamente.

La piedra que Jesús abrazó como almohada aún está mojada. Pasa tus dedos sobre ella, siente sus lágrimas, aún están frescas y hablan acerca de ti y de un mundo al que él amaba.

La oración de Jesús te ha alcanzado. Él estaba pensando en ti. Ya no le tengas miedo al mundo.

TORMENTA EN EL DESIERTO

«LAS REVOLUCIONES SON LAS LOCOMOTORAS DE LA HISTORIA».

CARL MARX

Su voz se levantaba como una solitaria pero poderosa tormenta en el desierto. Algunos, tratando de protegerse, buscaban refugio en el pasado pero no podían hallarlo, el futuro los enfrentaba, no había dónde esconderse. No podían ignorar la tormenta que azotaba con furia y verdad su conciencia, su iglesia y su ciudad.

Por donde pasaba dejaba estragos. Delicada, fina, tierna y suave no eran los mejores adjetivos para describir a esta fuerza radical. Su estilo afilado poseía la precisión de una brillante y peligrosa espada militar, y hacía que la verdad cortara con exactitud. Él no era diplomático. Se trataba de una tormenta... Era la tormenta.

La sombra de su padre, un viejo impresionante de institución admirable, proyectaba la regia postura de integridad granítica y sabiduría ancestral que tanto contrastaba con la sabia insensatez y el espíritu indómito de este torbellino trastornador.

Diferente. Muy diferente a su padre. Más intenso. Más apasionado. Hablaba, y a su padre miraban con intriga.

La reacción ante su tono no era la mejor, pero... era la mejor. No cuidaba lo que decía porque no había por qué cuidar lo que decía. No se excusaba ni ablandaba la verdad. No seducía ni entretenía. Sus palabras eran sencillas, sin ser simples; y su mensaje completo, sin ser complicado. Su discurso resultaba popular, pero profundo. Señalaba e incomodaba. No era que no lo entendieran, era que no lo querían entender. Él era *la* tormenta.

Nacido al calor de un buen hogar y criado a la luz del fuego del sacrificio, sus ojos de niño se impregnaban de todo cuanto pasaba en el templo. Sentado, jugando con la tierra a los pies de su padre, escuchaba a diario los estatutos de la Ley.

En el templo, veía a su padre ejercer el sacerdocio con gracia elegante. En la casa, veía a su padre ejercer el sacerdocio con gracia elegante. Era el mismo en el templo que en la casa... o casi. El sacerdote, que desplegaba una respetuosa firmeza en el templo, al llegar a casa se convertía en un divertido amigo, un sabio consejero y un padre espectacular.

El templo era importante para su padre, pero él mismo resultaba aún más importante para su padre. La relación que mantenían era tan estrecha como la relación de su padre con Dios: cercana, íntima. Crecer tan cerca del corazón de su papá le permitió aprender aquellas cosas que le servirían un día para reconciliar el corazón de los padres con los hijos y el corazón de los hijos con los padres.

Sí, se trataba de Juan. Juan el bautista, una solitaria pero poderosa tormenta en el desierto. Un reformador moral. Un predicador de esperanza. Precursor de Jesús.

No sabemos mucho de su infancia, solo que «crecía y se fortalecía en espíritu». No obstante, el profundo silencio de su niñez se rompió con el trueno del llamado al arrepentimiento que anunciaba.

Apenas seis meses más joven que un primo un tanto más famoso que él, muchos marcan el comienzo del cristianismo no con Jesús, sino con Juan el Bautista. Él introdujo el cristianismo en el mundo.

Simplemente era un espíritu poco comprendido o mal interpretado por muchos, pero no estaba allí para ser comprendido ni interpretado.

Saliendo de su vieja tienda, que había adquirido en una caravana de beduinos a cambio de unas cuantas ovejas que le habían regalado, Juan fue recibido por el viento del desierto que secaba los labios y un sol palestino que quemaba la piel.

El rasgado silbido del viento hizo que Juan dirigiera la mirada hacia horizonte. Entrecerrando los ojos para ver más lejos murmuró: «Va a ser dura la tormenta. Viene fuerte» Se puso en cuclillas frente a la humeante fogata y tomando del suelo una delgada rama, removió la comida que se encontraba sobre las brasas debilitadas.

Quemándose ligeramente las yemas de los dedos, tomó uno de los insectos sacados de las brasas. De una bolsa hecha de cuero, vertió un poco de miel sobre el tiznado cuerpo del extraño animal y se lo llevó a la boca. Un mordisco a la mitad del cuerpo del enorme grillo y Juan lo saboreaba como si fuera un manjar. Sin terminar aún el primer bocado, se llevó a la boca el resto. El crujiente sonido al mascar le arrancó una sonrisa, y el ligero sabor de la miel combinado con el suave interior del insecto le provocó un suspiro de placer. Se lamió el dedo para calmar la pequeña quemadura, y levantó la mirada.

A lo lejos, se podía divisar una tormenta de viento arrastrando bejucos y arena como si fuera arrojada por una mano enfurecida.

«Banus, Banus», llamó a su compañero de aventura, un muchacho del desierto que había llegado a escuchar a Juan por el espectáculo y se había quedado con él al sentir cómo su imaginación era desafiada por el estilo de vida de este personaje iconoclasta. «Banus, hay que amarrar bien la tienda. Viene fuerte...»

La tormenta anunciada afuera resonaba como un eco del furor apasionado que bramaba adentro, en el espíritu de Juan.

Banus salió a ver qué era aquel barullo del que hablaba su amo, amigo, consejero y mentor. «Esta tormenta trae la fuerza de cien leones», le dijo Juan señalando hacia el horizonte. «En la cueva nos hubiera ido mejor. Tal vez deberíamos regresar a vivir allí», le siguió diciendo a Banus.

LA TORMENTA ANUNCIADA AFUERA RESONABA COMO UN ECO DEL FUROR APASIONADO QUE BRAMABA ADENTRO, EN EL ESPÍRITU DE JUAN.

29

Juan había ocupado una cueva en las afueras de la ciudad cerca del desierto durante algún tiempo. Por alguna razón, había preferido la cueva del desierto a la comodidad de una casa en la ciudad; hasta eso lo hacía diferente.

«Ojalá que la tormenta se desvanezca antes de que venga la gente», pensaba.

No muy lejos de donde estaban, se encontraba la ciudad. Un poblado bullicioso y activo con la personalidad de un mercado multicultural. Los romanos traían el poder político. Los griegos, el poder cultural. Los judíos, el poder religioso. Aquello resultaba una infusión directa de culturas en una sociedad agitada y cambiante.

Juan, por su lado, había escogido no vivir en la ciudad. No se sabe si porque él prefería no vivir allí, o porque la gente prefirió que no viviera allí. Al fin profeta, no era muy bien visto, y tal vez eso lo hacía permanecer alejado. Sin embargo, alejado no significaba aislado. La gente aún se agolpaba para oírlo. La gente salía de la ciudad y caminaba un buen tramo para ver a este Juan. Su mensaje era relevante. Tan fresco como las noticias diarias de una pequeña aldea. Aunque la ciudad quedaba lejos, él sabía lo que ocurría en ella. No por estar apartado ignoraba la situación. No por hallarse lejos estaba alejado. Podía conectarse con el corazón de la gente de la ciudad sin ser parte de la ciudad. La ciudad no era su poblado, no era su mundo... era su meta, constituía su objetivo.

La gente se acercaba a él con cautela y temor, pero ansiosa y curiosa. La incomodidad que su mensaje causaba era solo sobrepasada por la incomodidad que su estilo provocaba.

A decir verdad, Juan no era un personaje de catálogo, y mucho menos del catálogo de celebridades eclesiásticas. Su enredado cabello y su barba desprolija encajaban perfectamente con la piel de camello que usaba a modo de vestido. Todo lo suyo no era lo que podríamos definir como algo «normal». Juan no cabía en la sociedad, no se ajustaba. No encajaba en el templo, en la iglesia, él no se adaptaba al entorno. Si Juan viviera hoy, sería uno de esos millones que salen a buscar una iglesia para el «resto de nosotros».

Aun así, medio rechazado y casi exiliado, a Juan no se le podía ignorar. Él no pasaba desapercibido. Tampoco su discurso.

Juan constituía una verdadera amenaza. Los líderes eclesiásticos se sentían amenazados. La comunidad que seguía a esos líderes se sentía amenazada. Los políticos se sentían intimidados. El gobernante más poderoso se sintió tan amenazado, que mandó a matar a Juan. ¡Pobres! Cuando alguien se siente amenazado de ese modo es porque percibe endeble el suelo en el que se ha parado; le falta seguridad y solidez a lo que cree. Por eso Juan no era bienvenido en la comunidad eclesiástica. No porque fuera un «hereje», sino porque no encontraban «verdad» para argumentar en su contra. Fue por eso que lo mandaron a matar, porque su dedo señalaba el pecado y era capaz de iniciar una revolución en la iglesia y el gobierno. ¡Eso es una tormenta!

Un maestro no es problema. Un maestro no constituye un problema mientras se encuentre solo. Pero un maestro con seguidores puede resultar una verdadera amenaza, y más aún cuando dice la verdad. Juan iba en esa dirección. Ya era maestro y ya tenía seguidores; el siguiente paso, pensaban las pobres mentes del liderazgo, era una revolución. Un maestro así representa una tormenta.

Lo llamo «la tormenta» porque la meteorología nos dice que la ley básica de una tormenta es que continúa hasta que el desequilibrio que la provocó se equilibre. Y así era Juan, un tipo desequilibrado y un desestabilizador. La falta de autenticidad en la vida espiritual de las personas lo había desequilibrado provocando que se gestara una tormenta que no cesó hasta que llegó aquel que estabiliza todas las cosas.

Juan tenía corazón de revolucionario. No creas que la nobleza y la actitud gentil eran naturales en su personalidad de espiga punzante. Juan no esperaba a Jesús como un cordero inocente, él aguardaba a Jesús como el líder de una revolución política y social. Él pensaba que su primo iba a cambiar las cosas con la espada, no con el corazón. Pero igual Juan cambió las cosas, agitó el ambiente, preparó el terreno para su primito.

31

Era un extraño personaje nuestro Juan. Nunca pudo ajustarse a las normas populares de un estilo de vida que trocaba la expresión personal por la adaptación a un molde sutilmente impuesto por el liderazgo político y eclesiástico de esos días.

Resultaba fascinante ver a alguien hablando de Dios sin parecerse a las personas que comúnmente hablaban de Dios. Había que verlo. Había que oírlo.

Aun los que se acercaban a escucharle para luego criticarlo tenían problemas para conciliar el sueño por la noche. Ahora la tormenta los había alcanzado. Sus corazones latían al borde del pecho con el eco de las afiladas palabras que habían acusado a la conciencia de estos sepulcros blanqueados de pulidas apariencias externas y con normas de éxito, desempeño y ejecución.

Juan me recuerda a mi profeta preferido, si acaso se nos permiten preferencias. Dios envía a Ezequiel a darle una palabra a Israel. Y le dice repetidamente que lo manda a hablarle a personas que parecen no haber entendido porque su corazón es empedernido. Y Dios, con esa forma tan peculiar que tiene de fluir a través de este profeta original y colorido, le comunica a Ezequiel que no se preocupe, que él sabe que la casa de Israel no lo va a escuchar, pero que lo manda para que sepan que hubo profeta entre ellos.

Y así era Juan. La gente lo escuchaba, pero tenía que ignorarlo. De todos modos no importaba, todos sabían que había un profeta entre ellos.

Ojalá que en tu iglesia sepan que estás tú. Ojalá que tus amigos cristianos sepan que estás tú. Tal vez hagan como que no te escuchan, pero sabrán que estuviste ahí.

Interesante: Juan no era próspero, según se define hoy la «prosperidad». Juan no tenía una casa. No tenía los camellos que la gente rica poseía. Juan no contaba con «abundancia» de cosas materiales. No era afluente. Aun así, Jesús dijo que no habría nadie más «grande» que él; y lo expresó después de que hubo muerto decapitado como un vil delincuente común. Juan no necesitaba nada, por eso era genuinamente próspero. Juan no pretendía subir ninguna escalera de prominencia. Su meta no era ganar terreno en el concurso de imagen y popularidad de los círculos sociales y eclesiásticos. Al contrario, su meta era descender. Ser el más pequeño en el Reino. Él no quería ser ni rey ni sacerdote, aunque tenía todo para lograrlo. Él solo deseaba ser una voz, una voz que clamaba en el desierto. Solo una voz.

Hoy, el mundo necesita oír una voz.

Hemos pasado tanto tiempo escuchando voces desde el púlpito que ya estamos listos para llevar esa voz a un mundo invadido por voces. Conviértete en esa voz que clama en medio de tu generación. ¡Sé la voz!

¡Si tan solo contáramos con unos cuantos así hoy! Cristianos que no buscaran la popularidad, ni fueran tras la imagen ni la «grandeza», sino que procuraran el camino descendente. Que anhelaran ser los invisibles, los que se hacen a un lado para que alguien más grande que ellos pase al frente; cristianos que se hicieran escuchar. Que le señalaran a la multitud de la iglesia y a la multitud que está fuera de ella que hoy necesitamos arrepentirnos. Urge que salgan de sus cuevas. Que abandonen sus tiendas en el desierto. Que con su estallido se enfrenten no solo al sol y al viento, sino a lo establecido, al sepulcro blanqueado que solo por fuera está pulido. Urge que surja un anormal, tan solo un loco no encajado. Alguien que rompa la estructura y lo que a la fuerza se ha moldeado.

Resulta imperioso que, vestidos como quieran y viviendo como sea, indiquen dónde está la luz. Es preciso que haya cristianos que no busquen la grandeza, sino que se hagan pequeños hasta desaparecer tras la sombra de Jesús.

Urge que a la orilla de un río alguien alborote más el agua. Que no tenga asco del lodo ni miedo a la corriente. Un cristiano, tan solo uno, que siendo diferente cuente la historia que por milenios se ha contado. Urge alguien que haya perdido el miedo a salir del lugar en el que ha estado protegido por púlpitos y prédicas. Alguien que no tema a hacerle frente al aire de las ideas y el mercado. Urge que surja

URGE UNA VOZ QUE DESDE EL DESIERTO LE HABLE A LA IGLESIA, LE HABLE A SU CONCIENCIA Y LE HABLE LA VERDAD.

33

una voz que desde el desierto le hable a la ciudad. Urge una voz que desde el desierto le hable a la iglesia, le hable a su conciencia y le hable la verdad.

Una voz a la que, aunque quede hablando sola, le baste con saber que ha hablado.

Urge una voz que clame en el desierto...

UN MÚSICO CONOCIDO

«CONFORME LAS MÁQUINAS VAYAN SIENDO MÁS Y MÁS EFICIENTES Y PERFECTAS, ASÍ SE HARÁ CLARO QUE LA IMPERFECCIÓN ES LA GRANDEZA DEL HOMBRE».

ERNST FISCHER

Tengo un amigo que es muy famoso. Es un músico por excelencia y sus cantos son conocidos en todo el continente latinoamericano. Sus canciones son entonadas por millones de cristianos domingo a domingo en decenas de miles de congregaciones. Por muchos años ha sido difícil encontrarse en alguna celebración, reunión, congreso, concierto o retiro en donde su lírica no se cite o cante.

El liderazgo de nuestra iglesia continental le ha brindado su respeto y admiración. Nosotros, el pueblo de Dios, nos abandonamos en sus canciones cuando alguna nos quebranta o nos desafía.

Lo que mi amigo ha escrito lo leen millones y sus ideas han jugado un papel preponderante en el desarrollo del evangelio en Latinoamérica. La verdad es que pocos han llegado a tener el nivel de influencia que él ha tenido, aun en estos tiempo tan diversificados y difíciles.

Aunque proviene de una humilde familia servidora de Dios totalmente desconocida por las masas, hoy en día no podríamos pronunciar su nombre sin atraer la atención de alguien que haya escuchado acerca de él o sus canciones.

Equivocadamente muchos piensan que la temática principal de mi amigo es la alabanza y la adoración; sin embargo, él tiene mucho que decir acerca del liderazgo, la organización y la fe. Tengo que confesar que aunque es mi amigo y le debo mucho de mi crecimiento y vida espiritual, sus tropiezos en la vida no me han pasado desapercibidos.

Su debilidad por una mujer casada lo hizo caer en adulterio. Nunca llegué a saber si se enamoró de ella o si solo se enamoró de su cuerpo. Con la intención de tapar su aventura, mintió y utilizó su posición de influencia para manipular la información y asegurarse de que el secreto quedara entre algunos, y que para los demás, las sospechas fuesen datos confusos. Su influencia era tal, que sin que nadie lo cuestionara, destruyó por completo el hogar de la chica casada.

La verdad es que este pecado constituye un secreto a voces que los que estamos en el liderazgo y la enseñanza de la Biblia muchas veces obviamos solo para detener la atención en los puntos fuertes más populares de mi amigo.

Y yo ya no debo callar. Debo señalar la verdad acerca de ese lado oscuro que mi amigo tiene, ya que sin esos fracasos espirituales se hubiera privado al mundo de la riqueza poética y espiritual de David, hijo de Isaí, el rey más espectacular que Israel haya tenido. Ningún poeta de antaño resulta tan contemporáneo como David.

La desnudez de su vida se describe en detalle en la lírica más honesta que jamás se haya escrito. Su vulnerabilidad ha quedado para siempre expuesta en la eterna Palabra de Dios.

Acobijado en el centro de la Biblia, está el libro de poemas en el que David dibujó setenta y tres ventanas que nos dejan ver lo oculto de su corazón. Con maestría, David trazó puertas que nos invitan a pasar a los cuartos más íntimos del corazón humano, a aquellos lugares que tú solo pensabas conocer y que creías que nadie podría ver.

El neurólogo Richard Cytowich dice que el lenguaje es limitado; no tiene acceso y no puede expresar todo lo que somos capaces de conocer y hacer. Eso quiere decir que parte de nuestro conocimiento personal y parte de nuestras experiencias íntimas permanecen inaccesibles incluso para nuestros pensamientos internos. Sucede mucho más en nuestra mente y nuestro corazón de lo que imaginamos.

Por eso, la habilidad de comunicar con un lenguaje sencillo sus debilidades y sentimientos profundos ha hecho del poeta David uno de los más admirados en su categoría.

La grandeza de David no estaba en su talento musical. El esplendor del rey David no se encontraba en su habilidad para la guerra. La gloria de David se hallaba en la fragilidad de su corazón, en su vulnerabilidad. No tuvo miedo de hablar de sus fracasos. Esa honestidad le dio fortaleza, porque al descartar la fachada no le quedó otro camino más que buscar la gracia de Dios. A través de los años he aprendido a querer a David. Como otros personajes del relato bíblico, David se ha hecho mi amigo al demostrarme su humanidad e inclinación al pecado... ¡Nos parecemos tanto! Ha sido mi compañero de viaje y un guía que me ayudó con su ejemplo a enamorarme locamente de Dios.

Me ha sacado de esa terraza cuando pretendía recorrerla en la tarde para dar rienda suelta a mis pensamientos sexuales. Ha interrumpido mis pensamientos cuando he querido engañar y esconder mi pecado.

Me ha quitado la armadura de lujo cuando, hipócritamente, me la he puesto para esconder mi fragilidad y tratar de parecerme a alguien más.

Si hay algo que necesitamos hoy en día es la vulnerabilidad de David. Los cristianos haríamos muy bien en aprender de este poeta, músico y bohemio un tanto loco. La transparencia de su vida es un ejemplo a seguir para aquellos que genuinamente no deseamos vivir la vida cristiana delante de los cristianos, sino ante la cultura pagana contemporánea. Los poemas, las canciones de David que llegaron a ser conocidas como los Salmos, no fueron escritas para la iglesia. Eran la expresión del corazón artista de David. Y, para que el arte sea arte, tiene que ser transparente, real, franco; precisamente lo que como cristianos debemos ser. Al haber tenido un fracaso moral, Dios usó a David como referente. Sus canciones, su arte, en

LA GLORIA DE DAVID SE HALLABA EN LA FRAGILIDAD DE SU CORAZÓN, EN SU VULNERABILIDAD.

el que revela la condición genuina de su corazón, han hecho un mayor aporte para corregir el carácter de una nación que libros enteros llenos de reglas, reglamentos y leyes.

David no se preocupó por adornar su vida con adjetivos de santidad y pureza; al contrario, él describió su pobreza espiritual y su relación con Dios abiertamente. Esto contrasta notablemente con muchas de las canciones cristianas que hoy día tenemos. ¿Quieres impresionar a tus amigos? No fanfarronees con tu espiritualidad y santidad «light». Debes vivir la vida con sinceridad, siendo vulnerable y reconociendo tu enorme necesidad de la gracia de Dios.

Debemos vivir reflejando claramente el poder transformador de Jesús; pero también tenemos que aceptar que no hemos llegado aún a la marca y que al igual que a nuestros amigos, nos cuesta vivir la vida de una manera que agrade a Dios. Porque lo único que nos separa de nuestros amigos es la cruz de

Jesús. En cuanto a nuestro corazón, nuestra inclinación por el pecado está tan latente como la de cualquier otro.

Nadie quiere ser amigo de alguien perfecto. Los cristianos somos muy criticados porque actuamos como si fuéramos perfectos. Hablamos como si no tuviéramos debilidades, pero la gente nos conoce y sabe, porque ve nuestro caminar, que no somos perfectos, sino que tropezamos, caemos y nos ensuciamos, pero seguimos actuando como si «no hubiera pasado nada».

Como hilos que tejen un collar de esmeraldas, las veredas de las colinas palestinas enhebraban higueras y césped verde. Junto a sus amigos, Jesús caminaba y hablaba. Todos oían, algunos escuchaban. Uno, caminando detrás, pensaba.

En un momento, corrió hacia adelante y, sofocado por la carrera, le preguntó al Maestro: «¡Hey!, ¿a dónde vas?» Jesús, con su sonrisa de niño travieso, le respondió: «Pues a Jerusalén, Tomás». Eran primos y desde niños Jesús le había jugado bromas.

«No, no», replicó Tomás desesperado. «¡Es que ni siquiera sabemos a dónde vas!»

Y Jesús, ya con su mirada de luz, pronunció unas palabras que, si guardas silencio, aún puedes oír: «Tomás, ¿qué a dónde voy? Yo soy el camino, Tomás. Yo soy la verdad. Yo soy la vida». ¡Y con esa respuesta Tomás tuvo más dudas que nunca! Jesús conocía el corazón de Tomás. Sabía de sus dudas y no se las iba a responder así nomás. Jesús no abordaba con facilidad la respuesta, él sacudía la mente, el pensamiento. Abordó la imaginación de Tomás.

Días más tarde, todos los amigos de Jesús se escondieron temerosos en un cuarto cerrado. Hablaban de cómo había muerto Jesús y de lo que pensaban al respecto; mezclaban la conversación con oraciones.

Tomás, por supuesto, no creía las historias que le contaban.

Ellos sabían que su sentencia de muerte estaba firmada. Como seguidores del Cristo, habían subido a los primeros lugares en la lista de los «más buscados, vivos o muertos».

Pero Jesús, como siempre, redefinió los términos. Ahora, la palabra «vida» significaría otra cosa. Él, que había muerto, estaba realmente vivo. Ellos, que se sentían vivos, estaban realmente muertos.

En medio de ellos, el cuarto en el que se encontraban se lleno de una luz con aire suave y aroma fuerte hasta desnudar los sentidos. Por un segundo, la luz, el aroma y el aire abrazaron los pensamientos de todos. Cuando volvieron en sí, encontraron a Jesús en medio de ellos.

Los ojos de todos, abiertos sin parpadear, se clavaban en su amigo, su líder, su Maestro. Era la segunda oportunidad en que lo veían después de «muerto», pero su asombro todavía era como el del primer día.

Era la primera ocación en que Tomás veía así a Jesús, y probablemente sería la primera vez que le creería de esa manera.

Jesús se dio vuelta y, siempre juguetón, le hizo señas a Tomás. Él se acercó y Jesús inclinó su cabeza como para recostarse en su hombro. En el oído, sin que nadie escuchara, Jesús le susurró: «¿Te acuerdas? Yo soy el camino. Yo soy la verdad. Yo soy la vida».

Y echándose hacia atrás, estiró sus brazos para enseñar sus manos. Y para que todos escucharan le dijo: «Mete tus dedos en mis heridas».

Jesús no enfrentó la duda demostrando su perfección, sino mostrando sus heridas. Si de veras quieres conocer a nuestro Señor, mira sus heridas, son ventanas directas a su corazón.

Tomás tuvo un encuentro, pero no fue con la gloria de Jesús, sino con sus heridas. Después de eso, Tomás viajó por muchos lugares hablando de sus dudas y de cómo había creído en Jesús.

Durante años, Tomás caminó hacia el Este, sembrando el evangelio por donde pasaba, hasta llegar a Arabia. Allí, desde un moderno y bullicioso puerto, probablemente en un barco que transportaba especias, Tomás zarpó a la India, uno de los lugares más idólatras del mundo conocido en ese entonces.

No fueron los misioneros europeos los que primero llevaron el evangelio a la India. Fue un solitario personaje que había dudado de la historia de Jesús a pesar de haberla vivido él mismo.

La próxima vez que vayas a la India, ve a Madrás. Visita el

41

monte de Santo Tomás. Es fácil llegar. Allí hay una iglesia que él mismo construyó. Deja que las viejas piedras te hablen acerca de tus propias dudas y de cómo la vulnerabilidad de enseñar unas heridas puede cambiar la historia.

Dios no envió a la India ni a Pedro ni a Juan, los «grandes apóstoles». Mandó al que más había dudado, a Tomás. Para cuando Tomás llegó a la India, esa cultura probablemente poseía unas trescientas cincuenta mil deidades, un verdadero catálogo de dioses de impresionante diversidad; había dioses de todos los colores y sabores.

Dios sabía que la India contemporánea necesitaba de un cristiano contemporáneo que supiera lo que significaba dudar, cuestionar, verificar. La duda es algo maravilloso, es como un regalo que Dios le hace al hombre para que se produzca tensión en el intelecto y la persona vaya alineando su pensamiento con el conocimiento de Cristo.

Dios sabía que para que Tomás fuera efectivo en medio del mundo idólatra de la India tenía que perder el miedo a la duda, a las opiniones e ideas de otros, y a las creencias de otra cultura. Tenía que perder el temor al mercado.

Después de dudar de Jesús y verlo resucitado con sus propios ojos, ¿qué temor podía tener Tomás? ¿Qué miedo puedes tener tú?

La India no necesitaba a alguien intenso y pasional como Pedro que intentara convencer a todos con argumentos o la espada. La India necesitaba a alguien que hubiera dudado. Alguien que se hubiera convencido de la realidad de Jesús, no por sus milagros ni su gloria, sino por sus heridas.

La India te necesita. Madrás te necesita. Tu vecindario, tu universidad y tu escuela te necesitan.

La cultura contemporánea necesita ver tus heridas para creer. Tus amigos no se van a convencer de seguir a Jesús al ver que, hipócritamente, presentas una fachada de perfecto glorificado que nunca ha dudado. Ellos creerán el día que les muestres las heridas de tus manos por lo que has tocado, las heridas de tus pies por los lugares en los que has andado, y la herida de tu corazón por lo que has cedido.

La miel que atraerá a nuestros amigos a Jesús no es una falsa perfección, sino la auténtica gracia de Dios. Les atraerá la sinceridad de escuchar que a veces (en mi caso muchas veces) le fallamos a Jesús. Ver que aceptamos nuestros tropiezos en el camino espiritual, y saber que igual nos levantamos, nos sacudimos el polvo y seguimos, porque amamos apasionadamente a Dios.

Ser vulnerable no significa permanecer en el pecado. Ser vulnerable es sentarte con tus amigos y en lugar de juzgarlos por su estilo de vida, juzgar tu vida de acuerdo con el estilo de vida de Jesús. Ser vulnerable es decirles: «Estoy luchando con algunas cuestiones en mi vida», o «Hay cosas que aún no domino, pero le pido a Jesús que me ayude a ser más como él».

Tienes que hacer a un lado el miedo a que tu imagen se vea afectada. Tu mensaje tendrá poder cuando primero apuntes el dedo acusador a la condición de tu corazón; cuando dejes de mantener una imagen de falsa victoria; cuando abras las ventanas de tu vida para que tus amigos vean lo que realmente hay allí adentro.

Tus amigos se arrepentirán de su pecado cuando vean que el grito de «arrepiéntete» primero va dirigido a tu propia vida.

> **TIENES QUE HACER A UN LADO EL MIEDO A QUE TU IMAGEN SE VEA AFECTADA. TU MENSAJE TENDRÁ PODER CUANDO PRIMERO APUNTES EL DEDO ACUSADOR A LA CONDICIÓN DE TU CORAZÓN**

Tal vez estés luchando con el tema de las caricias en tu noviazgo. Le has permitido a tu novio llegar más allá de lo que honra a Dios y no sabes qué hacer. No te preocupes, sé sincera. Dile a tu novio que la relación te está llevando a lugares a los que quieres llegar, pero cuando Dios sea el que te conduzca de la mano y no cuando lo haga él (tu novio). Plantéale abiertamente que esto es algo con lo que luchas y quieres honrar a Jesús con tu cuerpo. Que estás dispuesta a dejar al amado de tu corazón antes que darle la espalda a Jesús.

Eso te dará una autoridad espectacular. Hablarás del caminar espiritual con autoridad, ya que te estarás refiriendo a tus propias debilidades y tu clamor para que Dios te confiera fortaleza en medio de ellas.

Quizá estés bajando pornografía de la Internet a tu cerebro y a tu corazón, y sientes que por «sucio» no puedes hablarle de Jesús a tus amigos. Pero te digo que sí puedes. Tú tienes mucho que decir acerca de la gracia de Jesús. Puedes contar que, a pesar de que haces cosas que debilitan tu relación con Dios, él siempre está a tu lado, aun cuando pecas.

Pensamos que hablar acerca de nuestras debilidades y luchas hará que nuestros amigos no nos respeten. No obstante, sucede todo lo contrario, abrirnos a ellos construirá un puente maravilloso que nos acercará para que podamos hablarles del perdón, porque fuimos y somos perdonados.

La verdad es que tus amigos confiarán más en alguien humano, en una persona real y vulnerable, que en un *superespiritualoide* trepado a un pedestal, que no es sincero con respecto a sus luchas. Dios siempre va a usar vasos imperfectos, porque es lo único que tiene para usar en esta tierra. Eso te incluye a ti.

Es hora de que los cristianos seamos conscientes de nuestra realidad, de nuestra condición. Debemos ser cristianos brutalmente francos, que antes de señalar el pecado en la vida de otro, nos miremos al espejo y desnudemos nuestro corazón.

Ya no se trata de pararse en una alta plataforma ni de dar mensajes positivos de éxito. Hoy es tiempo de que los cristianos perdamos el miedo, nos bajemos de la tarima y caminemos al lado de la gente que nos necesita. No solo como guías en el caminar espiritual, sino como acompañantes.

En setenta y tres poemas David le reveló sus debilidades al mundo y el mundo es mucho mejor por eso. Con cinco heridas, Jesús acabó con las dudas de Tomás y el mundo resulta mucho mejor por eso. ¿Cuántos poemas puedes escribir? ¿Cuántas heridas puedes mostrar?

LA VERDAD

«NO CREO EN DIOS, PERO LE TENGO MIEDO».

GABRIEL GARCÍA MÁRQUEZ
El amor en los tiempos del cólera

No debemos pedir perdón por la Verdad. En lo que se refiere a asuntos «relevantes», podríamos decir que muchas iglesias adaptan el evangelio a los tiempos contemporáneos o ultra contemporáneos, pero luego les piden perdón a los cristianos tradicionales por usar nuevos métodos.

Muchas congregaciones utilizan la «última» tecnología para cautivar la atención de aquellos que buscan una respuesta espiritual, pero manteniendo la suficiente discreción como para no ofender al que viene de un cristianismo tradicional. Entonces, lo que sucede es que, por no resultar demasiado cristianas a los ojos de los «mundanos», ni muy «mundanas» a los ojos de los cristianos, estas iglesias se llenan de «cristianos» que buscan un cristianismo tradicional en un ambiente contemporáneo.

No hay nada de malo en eso, con excepción de que esos cristianos ocupan el lugar de las personas que realmente buscan una genuina conversación espiritual, y no un encuentro con una obra de teatro «cristianamente apropiada» o un elaborado sistema de vídeo, sino con el mismo Cristo.

La iglesia no existe para agradar a los cristianos. Si bien es cierto que somos una comunidad y tenemos que sentirnos bien dentro de ella, considero que el hecho de que el mensaje de Jesús no se predique con la pertinencia y la audacia debida a raíz de lo que «puedan llegar a pensar» los cristianos de la audiencia es algo que raya con el pecado.

El cristiano más famoso de la iglesia latinoamericana de hoy es el «hermano débil». Ese hermanito nos tiene a todos muy engañados y hasta nos manipula. A causa de él es que se presentan toda clase de argumentos para diluir el mensaje relevante de Cristo, hasta transformarlo en una evangelización «light» empaquetada dentro de las nuevas tecnologías, el teatro, una buena coreografía, y algún que otro chiste; todo para que el hermano débil no se debilite más.

El hermano débil está para ser cuidado, no para ser escuchado. Si es débil, ¿vale la pena oír sus críticas («que esto no le pareció», «que aquello otro le cayó mal»), cuando la realidad es que estamos hablando de metodología y no de teología?

Mi percepción es que le damos demasiado crédito a este hermano. Nos llamamos una iglesia relevante y nos pasamos el tiempo preguntándonos cómo afecta al cristiano la metodología que usamos para anunciar el evangelio.

Creo que esto tiene sus raíces en nuestras propias tradiciones, costumbres y formas de pensar. Estamos estancados en una manera de «hacer iglesia» como se ha hecho por décadas, en algunos casos por siglos. Pensamos que la forma en que aprendimos a hacer iglesia, y por lo tanto el modo en que nos gusta, es la mejor.

Eso no tiene nada de malo, siempre y cuando no estorbe la tarea de predicar un mensaje altamente relevante para el que aún no es cristiano.

La persona que aún no es cristiana tiene otra cultura, otro idioma, otras costumbres. Resulta muy necesario hoy en día que la iglesia comprenda la cultura que existe fuera de ella. Es imperativo hablar el idioma del no cristiano si queremos que el mensaje sea entendido por aquellos que decimos audazmente que queremos alcanzar.

El renombrado comunicador y publicista Roy Williams sostiene que «el riesgo de parecer insultante es el precio de la claridad. Y es un precio que muy pocas personas están dispuestas a pagar». Por algo lo llaman *el mago de la publicidad*.

Piensa por un momento en la frase. *El riesgo de parecer insultante es el precio de la claridad.* Deja que se asiente un poco en la parte analítica de tu cerebro. El riesgo de parecer insultante es el precio de la claridad. ¿Entiendes?

Otro de los padres de la comunicación y la publicidad contemporánea, David Ogilvy, concuerda con esta postura y anuncia: «La meta de la publicidad no es ser aceptada y querida, sino vender un producto». Eso no quiere decir que la comunicación deba ser intencionalmente ofensiva. Pero sí significa que cuando tienes algo importante que decir, te encontrarás con personas a las que no les guste.

¡Es tan cierto! Y por eso muchas veces en la iglesia no queremos ser claros, no queremos usar la iconografía de la cultura ni aquellos conceptos que realmente construirían un puente cultural hacia el entendimiento de la Verdad. Y si acaso usamos algún ideograma, metáfora o ejemplo tomado de la cultura, lo limpiamos, esterilizamos y justificamos pidiéndoles perdón a aquellos (¡el hermano débil!) que se puedan ofender por el uso de algo que de todos modos, todos los días está presente afuera de la sala antiséptica de la iglesia.

Entonces, por no ofender (y no creo que sea ofensa, más bien considero que es solo pena), no somos claros y convertimos el mensaje de Jesús en algo finamente transformado para no ofender al cristiano tradicional, y al mismo tiempo, captar la atención del precreyente. No encuentro que Jesús hiciera eso en sus discursos.

Escondida como lente de contacto en el fondo de una piscina, hay una frase de la feminista Gloria Steinem que tiene mucho sentido. Ella sostenía: «La verdad te hará libre. Al principio, te enfurecerá». También decía muchas cosas que pertenecen al baúl de lo absurdo, pero en esto le tengo que dar crédito; resulta muy cierto. Y es contra ese enfurecimiento que no queremos bregar. Otra vez, la intención no es ofender ni tener una actitud de soberbia en cuanto a cómo presentamos el evangelio.

LA IGLESIA TIENE QUE DETERMINAR QUÉ RESULTA MÁS IMPORTANTE: TOCAR EL CORAZÓN DEL PRECREYENTE O NO MOLESTAR LA OPINIÓN DEL CRISTIANO TRADICIONAL.

Mi punto es que no podemos levantar la bandera de la evangelización orgullosos de nuestros métodos progresistas cuando nos preocupa más lo que vayan a pensar nuestros hermanos que lo que los precreyentes puedan pensar de Jesús a raíz de nuestro mensaje.

Como iglesias, muchas veces asumimos que nuestros métodos son excepcionales solo porque nos gustan a nosotros. Diseñamos programas para nuestra edad y nuestra cultura. Las reuniones generalmente están copiadas de algo que vimos en los Estados Unidos o bajamos de *You Tube,* y como nos «tocó» de un modo particular, suponemos que a todos les va a suceder lo mismo. Luego apoyamos la metodología que utilizamos porque constantemente vemos que la iglesia crece. Sin embargo, las cuestiones en la ciencia de la estadística no son tan simples.

El tener que agregar una nueva reunión no significa que la iglesia esté en crecimiento, ni tampoco demuestra que el mensaje se esté dando con pertinencia. El hecho de tener que añadir una nueva reunión significa que hay más gente que llega, pero habría que preguntarse qué gente y por qué y luego, comparar eso con la misión que decimos tener como iglesia. Mi punto es que hoy la población de nuestros países crece a un ritmo más acelerado que la iglesia. O sea, más personas nacen cada día en el mundo que la cantidad de personas nuevas que cada domingo se agregan a la iglesia. Además, también debemos considerar el hecho de que nuestra iglesia latinoamericana tiene un alto grado de rotación.

Hay una cultura de cristianos que genuinamente busca que el mensaje resulte pertinente, pero quiere ir a un lugar en el que se sienta bien. Cuando encuentran ese lugar, se quedan ahí hasta que aparece otra iglesia con un mejor show, o hasta que se cansan de ese entorno y comienzan su búsqueda de nuevo. Estos «nuevos creyentes» (y creo que son muchos) además se cuentan dos y tres veces al hacer nuevas estadísticas.

El dilema es más fácil de describir por mí en este libro que de resolver por los pastores en las trincheras. Sin embargo, es algo que sucede y de lo que hay que hablar abiertamente.

Creo que si la iglesia de veras quiere transmitir el mensaje de Jesús de una forma relevante, tiene que decidir si debe seguir consintiendo en que hayan opiniones tradicionales. Tiene que determinar qué resulta más importante: tocar el corazón del precreyente o no molestar la opinión del cristiano tradicional. No nos jactemos de la innovación, el orden y la elegancia. La premisa es básica: si la tradición y la opinión personal del cristiano nos impide darle un mensaje pertinente al precreyente, estamos diluyendo el mensaje del Cristo.

El mensaje de Cristo es algo que se debe dar a una cultura nueva y diferente que nunca antes ha existido. Este mensaje debe anunciarse a través de elementos y metáforas que antes no se habían usado, y resulta obvio que tenemos miedo de hacerlo para no ofender al hermano débil.

Es importante el orden, es importante la innovación, es importante la elegancia, pero estas cosas no son las substanciales. Lo importante es que el mensaje resulte altamente pertinente, y si lo sometemos a la opinión de la tradición o la subyugación de lo que «tiene onda», estaremos diluyendo el mismo mensaje que queremos hacer relevante.

Es triste que hayamos cambiado los templos, la música, la tecnología, pero que no hayamos modificado la actitud. Seguimos pretendiendo ser los poseedores de la Verdad y las llaves a la eternidad, y creemos que solo aquellos que escuchen el mensaje dado desde nuestro escenario tendrán acceso al cielo.

Hace décadas, muchas iglesias empezaron a presumir de que «estaban llegando con el evangelio a todo el mundo». Sin embargo, lo único que hicieron fue grabar en audio y vídeo la misma reunión del domingo y transmitirla por radio y televisión. Entonces, no es que hayamos empezado a comunicar el evangelio de una forma creativa; sencillamente, usamos un nuevo medio para transmitir la misma reunión.

Luego vino la Internet e hicimos lo mismo. Decimos que estamos «alcanzando» a todo el mundo y la verdad es que el mundo tiene que acercarse a nosotros e ingresar a www.lamismareuniondesiempre.com para poder ver y oír el mensaje.

No es que estemos siendo creativos ahora, solo estamos usando un nuevo medio para decir lo mismo, de la misma manera, con el mismo temor a lo que los hermanos pensarán.

De repente la iglesia de Jesucristo está siendo arrasada por una ola que parecería ser divina.

Como viento fuerte del norte, nos ha invadido el proyector de vídeo y el extra-super-archi-ultra-sobrevaluado PowerPoint.

Ahora resulta que aparentemente sin un vídeo insertado en una presentación en PowerPoint el mensaje de Jesucristo no se puede dar.

Otra vez, incorporamos un nuevo medio, pero seguimos presentando lo mismo, de la misma manera.

Lo relevante no es la televisión ni la radio. Lo relevante no es la Internet. Lo significativo no es un buen vídeo mal bajado de *You Tube* o extraído de una película de Hollywood (que siempre criticamos, pero usamos). Lo relevante es la Verdad. Y si usamos el medio equivocado, en la forma equivocada, lo que hacemos es vacunar a las personas contra esa misma Verdad. Nuestro discurso ha estado enfocado en explicar las cosas, en «dar respuestas», en «enseñarle a la gente la Verdad». El problema es que hoy esa no es la necesidad. Claro está, el evangelio sigue siendo la necesidad principal de las personas, pero cómo llegar a él es lo que va a ir cambiando.

La relevancia del mensaje que la iglesia tiene para darle a la cultura se centra en la relevancia que Jesucristo tiene para la persona. Aunque Jesucristo sigue siendo la respuesta a cualquier predicamento, hoy Jesús provee preguntas más profundas para el pensamiento humano, y eso lo hace la materia más relevante del día.

Hoy tus amigos que aún no son cristianos te miran a los ojos buscando en tu corazón preguntas que aborden su intelecto. Lo que procuran no son respuestas, están intentando encontrar preguntas.

Nuestro cerebro está diseñado para ejercer la curiosidad, para iniciar una búsqueda, una aventura. Estamos diseñados para encontrar nuestras respuestas, no para que alguien más nos las dé.

Por eso Jesús dice que él es el camino, que él es la puerta, porque sabe lo seductor que resulta para nuestro cerebro buscar el camino y caminarlo, buscar la puerta y pasar por ella.

Ya sea ante el filósofo y maestro Nicodemo como ante la mujer sorprendida en adulterio, Jesús siempre abordó la cuestión planteando una pregunta, no dando la respuesta.

Jesús invita a tus amigos a una aventura que pasa por el bosque de las preguntas, el mar de la intriga, el desierto del misterio, y a veces por las tormentas de la soledad. Cuando el cerebro humano hace las conexiones para llegar a un nuevo descubrimiento (aprendizaje), el sentimiento de placer es real a causa de las endorfinas. Estas son proteínas minúsculas segregadas por la hipófisis.

Entonces, cuando hay búsqueda, preguntas, misterio y se llega a una respuesta, las endorfinas saltan y bailan como adolescentes felices y desordenados. Esos adolescentes corren por todo el vecindario y tocan la puerta de los receptores neurales que producen la analgesia. Cuando les abren la puerta, se produce un efecto sedante que el cerebro descifra como placer. O sea, Dios nos diseñó para que sintiéramos placer al buscar y al encontrar, y no cuando se nos proporciona el plato servido. Lo que buscamos en lo profundo de nuestro ser son preguntas, no respuestas.

La relevancia de Jesús reside ahí, en el hecho de que él plantea los interrogantes más profundos y el misterio más intrigante para el intelecto humano. Jesús nos hace pensar, nos hace dudar. Él enciende la música en nosotros para que la fiesta de esas endorfinas adolescentes nos den el placer de que hemos conocido la Verdad, o sea a Jesús.

No se trata de dar respuestas a la cultura, tiene que ver con las preguntas que le sugiramos. Cada vez que encuentra una puerta cerrada, nuestra mano se

LA NUEVA GENERACIÓN DE JÓVENES LATINOAMERICANOS NO SE VA A EMOCIONAR POR ASISTIR A UNA IGLESIA EN LA QUE SOLO LA HAGAN CANTAR, QUIERE IR A UNA IGLESIA QUE LA HAGA PENSAR.

53

mueve como autónoma porque la quiere abrir.

Siempre que vemos una ventana, nuestros ojos preguntan qué habrá del otro lado.

Cuando vemos al cielo, nuestro corazón no quiere ver a Jesús, quiere ir a donde Jesús está.

La nueva generación de jóvenes latinoamericanos no se va a emocionar por asistir a una iglesia en la que solo la hagan cantar, quiere ir a una iglesia que la haga pensar. Lo mismo sucede con la música cristiana: los jóvenes ya no quieren solo música que los haga llorar, quieren algo que los haga meditar. Nuestros libros cristianos, la mayoría traducidos del inglés al español, son leídos y bebidos como verdadera agua bendita del Jordán. Y copiamos todo ejemplo y consejo como si fuera sabiduría sagrada. Mucha de nuestra literatura es únicamente instructiva, lo que no tiene nada de malo, pero me hace tomar la posición del Pensador de Rodyn... ¡nuestros libros no hacen pensar a nuestros jóvenes!

Galileo dijo que todas las verdades son fáciles de entender una vez que las descubrimos; el punto, sostuvo, es descubrirlas.

No estamos diseñados para que nos expliquen la Verdad, estamos diseñados para buscarla, preguntar por ella y descubrirla. Es natural en nosotros cuestionar y dudar, es el primer paso a la fe.

Es por eso que el Espíritu Santo nos «guía» a toda verdad. No nos la enseña, no nos la sirve como plato de comida. Nos lleva a encontrarla.

El camino para comprender quién es Jesús no se encuentra alfombrado de conceptos contemporáneos que explican la Verdad. La senda que nos lleva a comprender quién es Jesús nos conduce por tramos angostos y difíciles, rodeados de preguntas y misterios. Jesús no es para el que le sirven y come, Jesús es para el que se esfuerza y caza.

La Verdad hace libre a la persona. Eso decimos. Es una verdad. Pero muchas veces no lo permitimos. Seguimos queriendo controlar lo que el creyente piensa y cómo vive. Le hablamos de la Verdad, pero no le damos la libertad de vivirla como la comprende o de vivir en libertad hasta que la comprenda.

El apóstol Pablo declara que la palabra de Dios no está presa. La palabra de Dios no necesita nuestra ayuda para hacer su trabajo, tiene fuerza propia, posee vida propia. Es como una fiera salvaje y poderosa que todo lo que espera es que la pongamos nuevamente en libertad para hacer lo que tiene que hacer.

No se debe estudiar la Biblia para saber de Dios, sino para encontrarse con Dios. La Biblia no está diseñada para las altas academias teológicas, conformadas por teólogos que han decidido estudiar a Dios y las Sagradas Escrituras de una manera profunda y compleja. La Biblia está diseñada para el resto de nosotros. Por eso a veces se nos describe a los cristianos como el pueblo del Libro, porque vivimos por y para el Libro.

Debemos abordar la Biblia como una aventura, no como una cátedra universitaria. Nos acercamos a la Biblia para encontrar, porque buscamos. Desmenuzada y puesta bajo el microscopio de una presentación en vídeo, a veces se le extirpa a la Biblia toda hermosura, intriga e inspiración.

Cuando estudiamos a nuestros amigos musulmanes en sus oraciones, cantos y ritos, vemos que ellos no se «acercan» a dios, es como si ellos «entraran a dios». Se «meten» en dios. Nosotros, por otro lado, le cantamos a Dios. Oramos a Dios en lugar de compenetrarnos con él y buscarlo para encontrarnos con su persona.

Por un sendero empolvado, caminaban dos individuos que conocían bien a Jesús. Tenían que recorrer catorce kilómetros hasta el siguiente pueblo, Emaús. La historia es tan popular que hasta me da pena usarla, pero me doy cuenta de que por eso es famosa, porque habla al corazón de todos.

Estos dos discípulos iban apresurados, no queriendo asumir que estaban huyendo. Y, como todos sabemos, Jesús se les unió en el camino y ellos no lo reconocieron.

Él les empezó a dar, sistemáticamente, una clase de historia. A Jesús solo le faltaba la pizarra blanca, el proyector de vídeo (¡para estar muy a la moda!) y un saco y una corbata para aparentar ser un maestro formal y maduro.

En el texto vemos que los llevó desde el principio hasta el final. Los discípulos estaban maravillados, pero no fue hasta que él les sirvió el desayuno que lo reconocieron y entonces entendieron.

Podemos presumir de nuestros métodos y tecnología. Podemos hacer alarde de nuestros ejemplos y nuestra capacidad de enseñar. Sin embargo, hasta que no seamos un poco humanos, aunque ya nos sintamos glorificados, y nos sentemos a comer con las personas, estas no comprenderán.

Nuestra actitud sigue siendo la de tener una respuesta para todas las preguntas, aquella de que a «nosotros» Dios nos habla y no a los otros. A los que hemos estudiado la Biblia y la teología se nos ha transferido la actitud de pensar que porque «sabemos», poseemos la Verdad, y que los que no han estudiado no la poseen. Esa arrogancia tiene consecuencias serias en la evangelización contemporánea.

A veces en mis viajes me encuentro con algunas iglesias que

parece que viven otro evangelio. Cuando uno oye lo que se enseña desde el púlpito, todo parece estar alineado, pero cuando uno ve lo que sucede en la práctica, otra realidad emerge. En estas iglesias, es como si las ovejas fueran las que tienen que cuidar al pastor, pero no encuentro eso en la Biblia. ¡Y prometo que lo he buscado!

Es como si el Salmo 23 dijera: «El pastor es mi señor» y no «El Señor es mi pastor». No escribo esto en contra «de los pastores», sino en contra de los pastores que son así. Y como lo más probable es que tu pastor no sea así, o que si eres pastor o pastora no actues de esta forma, no tienes por qué sentirte aludido o aludida.

En el pasado, leí mucho a un pulcro y bien peinado poeta revolucionario (¡pocos poetas y revolucionarios son así!) llamado Gerald Massey. Ese británico es tal vez lo único emocionante que ha surgido de la era victoriana. Es uno de los pocos poetas bien peinados y portados que me gustan y, con excepción de que se oponía mucho al cristianismo y a Dios, encuentro muy interesantes algunos de sus escritos. Entre todas las tonterías que escribió, una se ha mantenido al frente en mi mente como un semáforo en rojo en una noche en la que conduzco de prisa. Gerald sostuvo: «Lo han de sentir difícil ... aquellos que han tomado la autoridad como la Verdad, en lugar de tomar la Verdad como autoridad».

¡Es tan cierto! Hoy aún existen algunos líderes cristianos que toman su autoridad como la Verdad y no la Verdad como su autoridad. Considero que esta actitud proviene de un temor profundo a perder el control sobre lo que las personas piensan. Eso, a su vez, hace que como iglesia tengamos miedo de las opiniones opuestas, las críticas contrarias a las nuestras y las filosofías absurdas. Resulta entonces que nadie puede decir nada ni opinar nada en contra de la autoridad, porque es rebeldía, anarquía y división. ¡No es cierto!

Como líderes no podemos enseñorearnos de cada detalle del pensamiento de las personas sin dejar lugar y espacio para discutir y dialogar, debatir y rebatir. Si creemos en el poder de la Verdad, debemos dejar que haga lo suyo.

Por definición, la Verdad es excluyente. Excluye todo lo que no sea verdad. Eso es maravilloso, porque mientras mantengamos la Verdad como autoridad genuina, el mensaje se mantendrá puro, como originalmente fue dado. ¿El método? Esa es otra discusión.

Es posible que como líderes olvidemos que existe una diferencia entre poder y autoridad. El poder es la habilidad de ejercer coerción o fuerza. Y cuando la iglesia o el liderazgo asume ese rol, pierde el modelo original de Marcos 10:45.

La autoridad se gana, se obtiene a través del servicio sacrificado.

La Madre Teresa fue invitada a dar un discurso en un acto de graduación de la Universidad de Harvard. En medio del auditorio de la casa de estudios más prestigiosa del mundo, la Madre Teresa habló sobre la pureza sexual con autoridad aunque no poseía ni un solo grado académico que se acercara lejanamente al de los pobres estudiantes que eran azotados por la Verdad. ¿Cómo fue capaz esa universidad considerada un templo del saber de guardar silencio para escuchar a una mujercita sin mucha educación? ¡La mujer tenía autoridad!

> **«LO HAN DE SENTIR DIFÍCIL ... AQUELLOS QUE HAN TOMADO LA AUTORIDAD COMO LA VERDAD, EN LUGAR DE TOMAR LA VERDAD COMO AUTORIDAD»**

Muchas veces como líderes y como iglesia hacemos uso del poder y no de la autoridad porque confundimos los términos. Eso nos lleva a una conducta errada. Al utilizar el poder que tenemos como líderes, demandamos respeto cuando en realidad el respeto no se demanda, se gana. Empezamos a pensar que la solemnidad es símbolo de santidad y el protocolo es señal de respeto. En nuestro estilo de vida nos conducimos como personas con poder en lugar de caminar humildemente con autoridad.

Jesucristo obtuvo autoridad por medio del sacrificio. Filipenses 2 es muy claro con respecto a eso. Él caminó con humilde autoridad al punto de que hasta los niños corrían a él.

Eduardo Galeano, el celebrado y controvertido autor urugua-
yo de *El derecho al delirio*, hablando del futuro, escribe: «La
solemnidad se dejará de creer que es una virtud, y nadie to-
mará en serio a nadie que no sea capaz de tomarse el pelo».
En ningún diccionario se describe a la solemnidad como una
virtud; es una actitud, una formalidad, pero no una virtud. Y
creo que los que estamos en el liderazgo nos la hemos tomado demasiado en serio. Pienso que la solemnidad es como el
sexo; bella y hermosa en su momento; pero fuera de «ese momento» es sucia y nos transforma en otra clase de personas.
Y cuando la forzamos en otras personas, raya en violación.

El hecho de abrirnos con humildad y hablar con las personas
que tienen una creencia profundamente diferente a la nuestra
logrará más por la causa de Cristo que levantar un muro de
separación entre nosotros y los que no conocen la Verdad.

Me enojo mucho cuando encuentro una frase que a mí me hubiera gustado pronunciar. No obstante, casi siempre descu-
bro que la dijo alguien genuinamente ilustrado e inteligente,
y entonces entiendo por qué no fui yo el que la creé. De igual
manera, nunca encontré quién fue la mente brillante que dijo:
«Un pueblo educado es imposible de esclavizar». Si eso ocurre con un pueblo educado, ¿te imaginas lo que sucedería con
un pueblo expuesto a la Verdad?

La Verdad libera. Entonces, ¿por qué hay tantos cristianos
que no son libres? Por miedo al mundo muchos pastores y
líderes no permiten que sus «ovejas» sirvan en otro lugar que
no sea el perímetro de las cuatro paredes de la iglesia.

A causa de nuestro miedo a «perdernos» en el mundo, per-
demos al mundo. Al atarnos a la iglesia no somos capaces de
liberar al mundo.

Cuando la Verdad está presente, no hay oportunidad para la
anarquía y el libertinaje. Esas cosas no surgen en presencia
de la Verdad, sino precisamente ante su ausencia. Los que
me critican insisten en que promuevo el libertinaje. No, no
promuevo el libertinaje. Sostengo que si estamos seguros de
que la Verdad está presente en nuestro discurso, no hay razón
para que temamos la libertad que ella es capaz de producir.

La Verdad es el aporte más relevante que como iglesia podemos hacerle a la cultura. La Verdad es lo más importante que como líderes podemos ofrecerle a la iglesia. Sin embargo, la Verdad tiene consecuencias, y presiento que algunos no quieren experimentarlas.

Es un hecho sin mayor discusión: la Verdad conduce a una libertad total.

Apenas trescientos setenta y cinco años después del nacimiento de Jesús, un tipo muy inteligente que se convertiría en el padre del cristianismo como hoy lo conocemos escribió algunas cositas acerca de la libertad del hombre.

San Agustín habló de la libertad humana como algo que no le permitía al hombre hacer lo que le diera la regalada gana, esto por supuesto sería caer en otro tipo de esclavitud.

Aurelius Augustinus Hipponensis, como realmente le decía su mamá en latín (ime imagino que se lo decía cuando estaba enojada!), sostuvo que la genuina libertad del hombre era una libertad para liberarse de la esclavitud del pecado y llegar a vivir una vida de obediencia a Dios.

Si yo hubiera vivido en el tiempo de Aurelius Augustinus Hipponensis, no solo lo hubiera apoyado totalmente en esta idea, sino que también le hubiese sugerido que buscara un nombre más sencillo, como Flavio, Quique, Rodrigo, Willy o quizás Virgilio.

La Verdad siempre le da vuelta a las cosas que creemos y nos ayuda a ver de otro modo las costumbres que consideramos imperativas.

La Verdad se hace humilde y le lava los pies a los que, por tener poder, piensan que están por sobre la Verdad.

La Verdad muchas veces es paradójica: Él salvó a muchos, pero al final no se salvó a sí mismo para así rescatar a todos.

La Verdad les arrancaba gritos estridentes de terror a los espíritus más temibles, sin embargo, los niños más inocentes corrían a jugar con ella sin temor.

La Verdad produce un desorden maravilloso en este universo creado por Dios. La Verdad extirpa nuestros perfectos programas y bosquejos y los desordena para que resulten útiles.

La Verdad toma todos nuestros pensamientos lógicos y lineales, los despeina, y los lleva a la obediencia de su pensamiento.

La Verdad toma nuestras estructuradas tablas de Excel y las convierte en mapas mentales funcionales en los que lo espontáneo tiene más impacto.

La Verdad apaga la luz del escenario para que los músicos no logren ver la hoja de la partitura perfectamente escrita y así descubran la música bella que llevan adentro e improvisen.

La Verdad tuerce el camino recto y derecho que hemos trazado dentro de la ruta crítica de la planificación estratégica de la iglesia y redibuja el mapa, conduciéndonos a través de senderos desconocidos y angostos, en los que la brújula no funciona y el GPS no recibe señal; y donde solo la fe ciega puede alumbrar la oscuridad de la vereda imperfecta y desconocida.

La Verdad trae como consecuencia la libertad, al romper la regla y la ley y eximir del castigo merecido al prisionero, permitiéndole escoger amar a Dios o no.

Cuando proclamamos la Verdad, el individuo es libre para elegir. No obstante, hay consecuencias. Tengamos cuidado, la Verdad acecha a la Iglesia, quiere darle libertad.

MI AMIGO SERGIO

«¡NO SOY ECUMÉNICO!»

MARCOS WITT

Mi amigo y mentor Sergio era un tipo chaparro, algo regordete y de nariz caída. Su cabeza aún tenía algo de cabello gris blancuzco que se asemejaba a un arbusto limpio pero sin jardinero.

Cuando hablaba, siempre decía algo; no como yo que muchas veces hablo y no digo nada.

Sergio era estudioso, intelectual y escritor. Su pluma de hierro reflejaba una personalidad seria y sin rodeos.

Aprendí a quererlo con el paso de los años, porque Sergio era de esas personas que se parecen al vino: toma tiempo apreciar su riqueza, su nobleza y su bondad.

Yo lo llamo por su primer nombre, Sergio, pero la mayoría lo ha conocido como Pablo.

Sí, Pablo, al que históricamente se le llama apóstol.

El apóstol Pablo tiene el trazo de un cuadro de Picasso, es indescriptiblemente intenso como una pieza de Paganini, y confronta como una tira de Mafalda.

Déjame explicarte mi posible irreverencia al comparar a Pablo con las anteriores influencias.

El tipo fue mucho más de lo que nos han enseñado en la escuela dominical: un gran misionero y predicador.

Si Pablo hubiera sido una pintura, sería una obra de Picasso. Sí, la vida de Pablo tenía un trazo al estilo de Picasso en su aplicación cubista con esas aparentes «divisiones» que muestran ciertas diferencias marcadas y al mismo tiempo unen el panorama haciéndolo completo.

En el cubismo la forma es respetada y no se llega a lo abstracto. Así era la vida de Pablo. Él no era abstracto, pero tampoco predecible; su «forma» puede identificarse con facilidad. En la vida de Pablo, como en el cubismo, hay independencia y autonomía de planos. Cada parte es única y claramente diferenciada; sin embargo, pertenecen unas a otras conformando una obra íntegra.

Contrastes únicos perfectamente fundidos por la mano divina para crear un cuadro íntegro.

Pablo no sería Pablo si le quitáramos su pasado asesino. Pablo no sería Pablo si lo despojáramos su educación secular en el pensamiento griego.

Lo que hoy leemos de Pablo, la obra literaria del Espíritu Santo a través de su mano, tiene que ver con la herramienta que Dios escogió. Una herramienta ciertamente imperfecta, con un acabado un tanto áspero, pero con el trasfondo necesario para cumplir la misión asignada.

Pablo representaba una vida maravillosa de contrastes extraordinarios. Lo vemos escribir con furia y celo acerca de la gracia y la misericordia. Para aquel que es complicado, vemos en Pablo el acervo profundo de la complicada filosofía. Para el sencillo, lo vemos dispensar con simpleza la sana doctrina.

A los desordenados (¡como yo!) les dice: «Ordénense»; a los muy rígidos: «Libérense». A los grandes: «No desesperen a los chicos», y a los chicos: «Miren a los grandes». A las mujeres les advierte: «No se enseñoreen sobre los hombres», y a los hombres: «Cuidado con levantarle la mano a las mujeres».

Me gusta describir a Pablo (y no creo que se enoje) como un caos perfecto en el orden perfecto de Dios.

Si Pablo hubiera sido una pieza musical, sería un Capricho de Paganini.

Paganini sencillamente es el compositor y violinista más espectacular que la historia haya conocido.

Sus piezas han sido escritas con una locura genial que las hace casi imposibles de interpretar. Las dificultades técnicas para ejecutar una pieza de Paganini son monumentales. No solo es necesario ser un maestro del instrumento más difícil de la tierra (el violín), sino que es preciso ser un estudioso del mismo Paganini para poder interpretar correctamente sus alucinantes obras. Al mismo tiempo, toda persona, por sencilla que sea, puede resultar cautivada por la belleza de cualquiera de los veinticuatro *Caprichos de Paganini,* sus obras más famosas.

Así era Pablo, una obra profunda complicada y caprichosa, pero bella. No cualquiera puede interpretar a Pablo, si eso es lo que pretende. No obstante, cualquiera puede ser inspirado y desafiado por él. Se necesita ser todo un maestro para descifrar a Pablo, pero hasta un niño es capaz de sentirse cautivado por la aventura de su historia.

Pablo es una locura genial de Dios: una vida vivida corriendo de lugar en lugar. A veces huyendo y a veces en la cárcel. A veces regañando y a veces sanando. En oportunidades vociferando y en otras callando. Altos intensos y bajos intensos. Sufrió la crítica de sus hermanos y el odio de sus enemigos. Comenzó su historia como un gran personaje de poderosa influencia política y terminó su vida como prisionero, muriendo luego en una casa que ni siquiera era propia... Puedo escuchar una pieza de Paganini de fondo... veo a Pablo. Me inspira.

La complejidad de la vida de Pablo suena a un Capricho de Paganini tocado en una sala de conciertos. Cuando te sumerges en su historia, si no tienes cuidado, en el momento menos pensado te sorprenderá su locura, solo para ser nuevamente sobrecogido un momento después por la seriedad y la profundidad de su enseñanza.

La conocida protagonista de historietas argentinas Mafalda, tan filósofa y pensadora como es, dijo: «¡No sé si el hombre es un animal de costumbre o si de costumbre es un animal!» Eso me huele a Pablo. Mi amigo peleaba contra el sentimiento de fracaso al intentar dejar de hacer las cosas que no quería hacer.

CADA VEZ QUE LEO A MAFALDA, CORRO A LEER A PABLO. MAFALDA, TAN HONESTA, TAN ABIERTA, CON PALABRAS TAN AFILADAS. PABLO, TAN HONESTO, TAN ABIERTO, CON PALABRAS TAN AFILADAS...

¡Me siento tan identificado con él! Tuvo terribles momentos en los que se vio confrontado con su debilidad humana, y lo contó, haciéndonos saber a todos que somos vulnerables, humanos. Mafalda nos lo recuerda constantemente también.

Cada vez que leo a Mafalda, corro a leer a Pablo. Mafalda, tan honesta, tan abierta, con palabras tan afiladas. Pablo, tan honesto, tan abierto, con palabras tan afiladas...

Mafalda mira al mundo real y presente. No se complica la vida explicando las verdades de nuestra sociedad. Pablo, en medio de una cultura religiosa y a pesar de dirigirse a gente religiosa (¡a ti y a mí!), dice las cosas como son, con mucho amor, pero con mucha fuerza.

Al leer a Mafalda, me doy cuenta de que después de reírme un rato, me quedo pensando, meditando ... porque la verdad me pega. Con Pablo también es así, solo que siento que la verdad no me pega... ¡me golpea!

Relaciono a Pablo con esos personajes quizás tildados de «mundanos» porque es la realidad que yo vivo. «¿Cómo puedes comparar a Pablo con personajes "del mundo"?», preguntará alguno. Bueno, porque Pablo estaba en el mundo, porque yo estoy en el mundo y (siento darte malas noticias) porque tú también estás en el mundo.

El mundo no representa solo al «pecado» y todo lo que en las iglesias queremos «mantener afuera». El mundo es la pobreza, la guerra. El mundo son las viudas y los huérfanos. El mundo es el resultado de nuestra decisión humana de desobedecer a Dios. El mundo que no amamos es el resultado de que los cristianos hayamos corrido a escondernos debajo de las bancas de la iglesia dejando sin luz a un pueblo que camina en la noche.

Y a ese mundo, Dios envió a Pablo, y tal vez hoy te quiera enviar a ti.

Pablo fue un predicador que se dirigió a los gentiles, a los «de afuera». Él le escribió a la iglesia, sí, pero también tuvo una relación con los gentiles, con los que no eran judíos, con los que no pertenecían al «club».

Y si algo necesitamos hoy en día son vidas como la de Pablo. Cristianos que estén en el mundo.

Dicen que los cristianos somos muchos en América Latina, pero pasamos tanto tiempo entretenidos con los asuntos de la iglesia que infinidad de veces nos olvidamos de los asuntos de Jesús. Y las cuestiones de Jesús están en el mundo, en ese mundo en el que Pablo vivió, en el mundo en el que tú deberías estar. ¡Los asuntos del «mundo» son los negocios de nuestro Señor! Y aunque nuestros templos estén llenos hasta desbordar, eso no marca ninguna diferencia si no participamos con él, si no estamos en los negocios de nuestro Señor.

Uno de los grandes sucesos de la vida de Pablo tuvo lugar dentro del mundo no judío. No se dio en la iglesia ni en el templo. Ocurrió en la ciudad más secular de su época. Además, sucedió en el lugar más pagano de la ciudad más secular del mundo bíblico.

Allá por el año 53 después del nacimiento de Jesús, Pablo visitó la ciudad de Atenas. Esa ciudad se enorgullecía de haber producido algunos de los más grandes artistas, escritores y pensadores del momento.

Pablo, subiendo la última colina, llegó a la calzada. Una calzada larga y sin nombre que conducía hasta al corazón de la ciudad. Las piedras, pulidas por los años de tráfico de gente y carros a caballo, absorbían en silencio el calor del día. Era una calzada importante que esperaba ser bautizada con un nombre importante como todos los caminos importantes.

Las largas sombras teñidas de anaranjado por el sol mediterráneo al ocultarse se estiraban.

Otras calles colmadas se iban vaciando al ritmo de la música, el bullicio y la charlatanería que abundaba en cada rincón de Atenas. Unos amigos de unos amigos estarían esperándolo para pasar varias semanas allí.

Al día siguiente de su llegada, Pablo recorrió la ciudad. Con sus grandes y penetrantes ojos observaba con ira y misericordia esa majestuosa cultura entregada a la idolatría. Al caminar, sentía hervirle la sangre al ver las calles convertidas en antros de adoración a ídolos e imágenes y a la gente rindiéndose ante ellos.

El corazón le golpeaba en el pecho queriendo llorar por la profunda tristeza de saber que esa gente se moriría sin Jesús.

Después de pasar unos días con unos cristianos que vivían ahí, Pablo no siguió refugiándose en ellos. Se dirigió hasta una plaza en la que se encontraban personas con las que podía hablar. Griegos, impíos, gente inmunda y pecadora que no creía en Dios. Algunos eran intelectuales y otros solo charlatanes, pero todos por igual blasfemos e idólatras. Pablo sentía atracción hacia esos pecadores. Tal vez no sabía que lo que lo cautivaba era el mismo amor de Dios por esos gentiles merecedores del infierno.

Pablo experimentaba una tormenta de sentimientos encontrados. Por un lado, quería derribar todo argumento y llevarlos a todos a la obediencia a Cristo. Por el otro, quería hacerse débil ante estos débiles para poder ganarlos.

En la plaza se reunía mucha gente a dialogar, debatir y discutir. Pablo no le tenía miedo a una conversación profunda ni a un debate profundo.

Allí llegaban muchos religiosos inteligentes y unos cuantos tontos también. Los principales artistas y los que anhelaban serlo. Se reunían los profesores universitarios y sus estudiantes. Llegaban los grandes pensadores y, como en toda reunión de este tipo, los que se hacían pasar por grandes pensadores. Ese era un desfile de los personajes más influyentes y populares de la cultura griega, aplaudido con adulación por aquellos que no eran nada.

Pablo abordó a un pequeño grupo que discutía en una equina. Su voz y la autoridad con la que hablaba lograron captar la atención de los disertantes.

Día tras día les hablaba. A veces dialogaba, a veces discutía, muchas veces debatía y otras, sabiamente callaba.

Les habló de un Camino. No intentó derribar sus sistemas de pensamiento ni sus argumentos idólatras, sino que, con inteligencia y entendimiento, captó el interés de los que inútilmente discutían. No los apartó. Los abordó. No los criticó. Los escuchó.

Pablo, al ser erudito, se lanzaba profundo en la conversación. Los que lo oían abrían sus ojos con fascinación. «Tienes que venir y hablar de todas estas cosas con los que saben», le dijeron.

Y así como estaba lo llevaron a la corte que se reunía en la Colina de Marte, un pequeño montículo de mármol que era el epicentro político-religioso más importante de la ciudad y del mundo conocido en ese momento.

Los que allí se reunían eran los políticos, los filósofos y probablemente uno que otro artista.

Pablo había estudiado en Atenas. Se cree que recibió instrucción en una escuela fundada por Zeno, así que es probable que conociera a algunos de los que estaban ahí y hubiera oído hablar de otros. Pablo no se sentía intimidado, entendía el contexto de la cultura. Tampoco lo asustaba encontrarse en medio de esos pecadores porque sabía que Jesús, si hubiera seguido vivo en aquel entonces, también habría estado entre ellos. Y ciertamente no se sentía inferior desde el punto de vista intelectual, pues estaba preparado filosóficamente.

Durante los días en que Pablo anduvo por las calles de Atenas, muchas veces sintió el deseo de pedirle a Dios que cayera fuego y azufre para destruir aquella ciudad idólatra. Sin embargo, su amor por los perdidos lo llevó a cambiar de actitud. En lugar de destruir altares, Pablo resolvió convertirse en un constructor de puentes. Él era consciente de que la cultura griega resultaba también guerrera. Sabía que destruir ídolos y derrumbar argumentos solo traería confrontación y una polémica sin propósito.

IRGUIÉNDOSE SOBRE LA MISMA CULTURA DE MIL DIOSES, PABLO EMPEZÓ A HABLAR ACERCA DEL ÚNICO DIOS.

Sabía que la razón por la que Dios lo había puesto en esa cultura pagana era para atraer a las personas a Jesús y no para destruirlas en «el nombre de Jesús».

Entonces, irguiéndose sobre la misma cultura de mil dioses, Pablo empezó a hablar acerca del único Dios.

En su camino hacia el centro de la corte pagana, Pablo podía escuchar el ruido de las discusiones interminables. Todos hablaban y debatían. Cada uno levantaba la voz por encima de la de los demás. El bullicio era fuerte y se acrecentaba conforme Pablo se acercaba al epicentro.

Cuando lo pusieron en medio de las personas más influyentes e instruídas de la cultura, Pablo logró que todos hicieran silencio.

Ese hombre pequeño y regordete de pelo blanco levantó su dedo torcido por la enfermedad que lo empezaba a agobiar y señaló.

Con la autoridad espiritual que poseía, bien podría haber criticado y censurado. Podría haber descrito con exactitud el castigo eterno que les esperaba a todos los que estaban allí. Con facilidad podría haber enumerado todos los errores teológicos que la vida religiosa griega tenía.

Sin embargo, su dedo no era el de él. Ese encorvado dedo en forma de gancho era una extensión del amor de Jesús. Cuando habló, de sus labios salieron palabras de respeto hacia una ciudad culta e intelectual.

Ahí, rodeado de los pensadores más influyentes de la historia, rodeado de idolatría y costumbres paganas, Dios fue glorificado. No a través de alguien que había destruido a los incrédulos y blasfemos, sino por medio de uno que les había hablado con respeto acerca del amor de Jesús.

A su izquierda, Pablo podía ver el Partenón y otros templos construidos para la adoración de dioses paganos. De pie ante esos edificios, los más majestuosos del mundo, Pablo se dirigió respetuosamente a los griegos de entonces y probablemente a la iglesia de hoy, diciéndoles que Dios no habitaba en templos hechos por manos humanas y que ciertamente hay cosas más importantes que los edificios.

Siendo pequeño, Pablo se hizo más grande que el mismo Zeus.

Increíble: El pequeño discurso de un pequeño hombre parado sobre un pequeño montículo de mármol, cambió la historia más que un gran templo (el Partenón) construido en la ciudad más grandiosa que haya existido.

Allí, Pablo refutó con sabiduría las filosofías serias y populares de los griegos, sin ridiculizar a su audiencia.

Este viejo sabio, despojado de todo miedo a la crítica, a la gente y la falta de control, dejando de lado todo temor al mercado, comenzó su discurso felicitando a los atenienses por su ciudad. En Atenas, cincuenta y tres años después de Cristo, Pablo sabía lo importante que resultaba para los griegos sentirse orgullosos de sus logros arquitectónicos, religiosos y filosóficos.

Los griegos estaban perplejos: «Un ciudadano romano, felicitándonos por nuestra ciudad y no criticándola ni ridiculizándola. Eso no lo hemos visto antes», se decían asombrados.

«Y recorriendo sus hermosas calles», prosiguió Pablo en su discurso, «pude ver la gran habilidad de sus artistas», y señaló a algunos de los que estaban sentados como espectadores en la audiencia. «Veo que la escultura es genial», dijo, mientras extendía los brazos para indicar la majestuosidad del Areópago.

Toda la audiencia estalló en un aplauso. «Típicos griegos», pensó Pablo, «les gusta el sonido de sus propias palmas».

Levantando la mano para obtener nuevamente silencio, Pablo agregó: «Recorrí todos sus templos y altares. Pero me causó mucha curiosidad el último altar. Ese que han levantado al Dios no conocido aún». Y pronunció el «aún» con voz de profeta, anunciando con seguridad que había llegado el tiempo de conocer a Dios.

Los jueces y la audiencia tenían sus ojos fijos en Pablo y seguían sus ideas y conceptos para no perder el hilo del discurso. La expectativa crecía en ellos, pues se imaginaban que ese pequeño hombre erudito les iba decir quién era ese Dios que aún no conocían.

«Ese Dios que aún no conocen, es aquel del que les quiero hablar...» Y continuó su discurso refiriéndose al Camino, a Jesús y a Dios. Asombrados, todos se colgaban de cada palabra que Pablo pronunciaba.

El apóstol, con agilidad maestra, continuó captando el interés de todos. Comenzó a citar el *Phaenomena*, un poema escrito por Aratus, uno de los poetas más admirados por los griegos. Aratus era como un cantante popular, todos se sabían sus canciones. Pablo le dio peso a su argumento citando una autoridad que hasta los griegos respetaban.

Parte de este poema (Phaenomena 1-5) dice así: «Comencemos con Zeus, de quien nosotros los mortales nunca dejamos de hablar/ Porque cada calle, cada mercado está lleno de Zeus/ Hasta el mar y el puerto están llenos de su deidad/ Todos están endeudados con Zeus/ Pues somos linaje suyo.»

Pablo no citó a ese artista famoso para demostrar lo erudito que era. Lo hizo precisamente para demostrarles a los atenienses que su religión era idolatría. No obstante, lo hizo con tal sabiduría, que logró obtener el completo interés de los que lo escuchaban.

El apóstol y el poeta ... ¡qué escena!

Pablo tendió un tremendo puente cultural. Los griegos conocían a Zeus, por eso comenzó por Zeus para hablarles del Dios
del universo. No empezó por hablarles de Dios, empezó por lo
que ellos conocían y no por lo que conocía él .

La Grecia contemporánea necesitaba de un cristiano contemporáneo. Necesitaba de alguien que conociera la cultura y la
sociedad para poder sanar la cultura y la sociedad.

La cultura y la sociedad precisan cristianos de cultura y sociedad. Requieren cristianos que en una misma frase puedan
citar al filosofo y al apóstol. Que sean capaces de recitar inte-
ligentemente el poema del poeta y la advertencia del profeta.

Aun hoy, podemos ver la influencia de Pablo. Ese hombre de
cultura y sociedad cambió de tal modo la cultura y la sociedad
que muchos años después se puede ver el efecto catalizador
de su discurso.

Si tienes la oportunidad de ir a Atenas, no dejes de caminar
por una callecita que te conducirá a la Acrópolis. Pisando las
mismas piedras que Pablo tuvo bajo sus pies, podrás oír el eco
de su voz citando al poeta griego y aplicando la verdad bíblica.
El nombre de la calle es Dionisiou Areopagitou ... aquella calzada que no tenía nombre.

Le pusieron ese nombre en honor al primer obispo de Atenas, San Dionisio. Dionsio era juez del Areópago y formaba
parte de la alta aristocracia ateniense. Él estaba sentado escuchando a Pablo con admiración. Al final, nos dice la historia
relatada en Hechos 17, Dionisio se convirtió en un discípulo
de Pablo continuando la enseñanza de Jesucristo en Atenas.
Todo porque alguien le habló en su idioma y le citó un poema
que conocía.

Pablo se hizo griego entre los griegos. No se convirtió a su estilo de vida idólatra, no se amoldó a su vida inmoral ni cambió
su «ciudadanía celestial», solo su residencia temporal. Se hizo
griego para demostrarles a los griegos que Jesús también vino
para salvar a los griegos.

Es por eso que Pablo, apóstol a los gentiles, mi mentor y amigo, me enseña tanto. En Atenas, él no se entretuvo en con-
versaciones con los «de la iglesia». Él recorrió la ciudad para
captar lo que estaba pasando en la cultura, y en lugar de ro-

dearse de otros creyentes, se dirigió al epicentro de lo pagano e idólatra, porque sabía que ahí encontraría la más grande necesidad de Jesús.

Por amor a sus contemporáneos, en lugar de pedir que cayera fuego y azufre para consumir a esa sociedad pagana, mi amigo Sergio pidió que se derramara el amor para restaurar a una sociedad perdida.

¡Gracias amigo! ¡Qué gran lección me has dado!

LA SANTIDAD
Y EL PECADO

«NOS SORPRENDEREMOS DE LA CLASE DE PERSONAS QUE ENCONTRAREMOS EN EL CIELO. DIOS TIENE UN CORAZÓN TIERNO POR LOS PECADORES...»

DESMOND TUTU

La santidad y el pecado se sentaron a comer. La santidad, recostada sobre una larga almohada frente a una mesa llena de higos frescos, vino añejo y pan de hierbas, miraba al pecado que al otro lado de la mesa se acomodaba también en el piso. Viendo que la mesa era ancha y la distancia los separaba, la santidad se levantó, caminó hasta llegar junto al pecado, y se sentó. El pecado, sorprendido por la cercanía de la pureza, se sintió incómodo y guardó silencio. «Quiero verte de cerca», dijo la santidad. «Quiero escucharte bien. Quiero saber cómo suena tu corazón, quiero descubrir cuál es su canción». Y así, rieron, lloraron, contaron historias, comieron y bebieron todo el día.

No era fácil ser el judío más despreciado por los judíos. No era fácil ser el judío más despreciado por los romanos. Sin embargo, esa negada aceptación era algo con lo que había aprendido a vivir.

Cada vez que la gente hablaba mal de él, Zaqueo pensaba con cuidado cómo castigar al pueblo. El látigo de los impuestos causaba más dolor y odio que la misma subyugación tirana del gobierno de Roma.

La verdad es que Zaqueo no era un artículo de los más deseados. Siendo demasiado bajo de estatura, contando con la desconfianza de los romanos, y recibiendo el rechazo de los suyos, Zaqueo era un verdadero solitario rodeado de las sanguijuelas más resbaladizas que se pueden encontrar en una ciudad corrupta.

Zaqueo. El nombre significa «puro» o «recto». Irónicamente, su astucia era malvada. Él sabía cómo hacer sangrar lentamente el bolsillo del pueblo, y por esa razón el gobierno esclavizante lo mantenía allí.

Zaqueo era judío, y al gobierno romano le convenía tener a alguien «local» en ese puesto. Aun así, los romanos que vivían en Jericó y sus cercanías odiaban a Zaqueo, porque él dependía directamente de la oficina del emperador. Eso le daba una ventaja sucia que otros envidiaban. Tal y como sucede en nuestra época, los que recolectaban los impuestos en el primer siglo no eran muy queridos y siempre estaban vinculados con la corrupción, el robo y el «asalto legal».

Zaqueo vivía en Jericó, una ciudad un tanto importante. El mismo Herodes tenía allí su «casa de invierno» para pasar los meses fríos de Palestina, pues el clima era mucho mas cálido que en Jerusalén. Era la Miami de sus tiempos. La llamaban «la ciudad de las palmeras».

Lo más probable era que el mismo Zaqueo fuese el anfitrión de Herodes, situación muy conveniente. ¡El enano tenía buenas conexiones!

En la Biblia, el nombre Jericó, como un buen perfume, evoca recuerdos fascinantes de aventuras maravillosas.

En el tiempo de la conquista de la tierra prometida, Jericó había sido destinada a la destrucción. La historia cuenta que en Jericó la salvación llegó a la casa de la prostituta Rahab. Y ahora, esta nueva historia nos relata que en Jericó la salvación llegó a la casa de Zaqueo.

Dos personas que hoy fácilmente rechazaríamos por considerarlas «pecadoras» fueron llevadas a la salvación en Jericó debido a que la salvación llegó primero a sus casas. Una, la prostituta, porque fue visitada por dos espías de Josué; y la otra, Zaqueo, porque recibió la visita de Jesús. Jericó es un lugar que evoca recuerdos desde los tiempos de Josué (Yeshua) hasta los días de Jesús (Yeshua), dos nombres que en hebreo significan salvación.

Muchas veces lo que nos preocupa en las iglesias es que asista gente buena. Sin embargo, Jesús vino a buscar a la gente mala; vino por los enfermos, no por los sanos. Vino por Zaqueo, por ti, por mí. La salvación va a las ciudades sucias, paganas y de poca santidad. La salvación se dirige a Jericó más que a nuestra iglesia.

Jericó fue el lugar en el que Acán codició la riqueza de la ciudad después de conquistada y pecó escondiéndola en medio de su tienda. La transgresión le costó su vida y la de su familia (Josué 7).

Elías fue arrebatado al cielo cerca de Jericó (2 Reyes 2:4-11). Eliseo regresó allí después de que Elías fuera arrebatado, y trajo sanidad a todo el territorio purificando las aguas (2 Reyes 2:15-22).

El camino a Jericó es el escenario de la maravillosa historia del buen samaritano que relató Jesús, y en la entrada de esa ciudad él sanó al famoso ciego Bartimeo.

Así, a través del recuento bíblico, *La Ciudad de Las Palmeras,* Jericó, fue testigo de acontecimientos dramáticos y emocionantes.

El doctor Lucas nos dice que Jesús «pasaba» por Jericó camino a Jerusalén, su destino final. Jesús siempre supo a dónde iba, eso es lo importante. Sin embargo, también sabía que el camino era tan importante como el destino.

Camino a nuestro destino final vamos a tener que pasar muchas veces por Jericó. Tal vez debamos detenernos para hablar con una prostituta, como los espías de Josué. Tal vez sea necesario cenar con Zaqueo como lo hizo Jesús. Sea como fuere, resulta importante que, por tener los ojos puestos en el destino, no perdamos de vista lo que ocurre en el camino.

Jesús entraba en Jericó y la gente que lo quería ver era mucha. Por ser judío y estar «conectado» con todo lo que pasaba en la región, es probable que Zaqueo ya hubiera oído hablar de Jesús.

Antes de que él pudiera preguntar más acerca del Mesías y por qué andaba por Jericó, la multitud que seguía a Jesús se empezó a mover en la dirección en la que se encontraba Zaqueo. Zaqueo corrió de un lado a otro intentando meterse entre la gente para ver a Jesús.

No obstante, la multitud, sabiendo quién era él, no le daba espacio y disimuladamente le impedía la visión. De ese modo se desquitaban, con una venganza sencilla, pero venganza al fin. El pobre quería ver al hombre que todos decían tenía poderes de sanidad. Zaqueo era un «no deseado», pero se trataba de alguien importante y quería estar al tanto de todo lo que ocurriera en la ciudad.

Además, como mafioso, quería extender su red de amistades a todas las personas importantes; y si este Jesús resultaba ser un personaje tan importante, de una manera u otra él quería saber más de él.

En el capítulo anterior, Lucas relata (capítulo 18) lo que sucedió entre Jesús y un chico que, según se dice, tenía mucho dinero. Después de ese encuentro, Jesús dijo: «Le resulta más fácil a un camello pasar por el ojo de una aguja, que a un rico entrar en el reino de Dios».

Lo que Lucas estaba haciendo al registrar la historia del joven rico y el camello era colocar en contexto la escena que luego iba a relatar.

Jesús no quería decir que los que tienen dinero no gozarán del reino de los cielos. Él estaba afirmando que las personas, cuando tienen mucho y necesitan poco, no se dan cuenta de que la necesidad más grande del corazón sigue siendo Dios. No significaba que los ricos no pudieran entrar en el reino de los cielos; eso resulta obvio en la historia de Zaqueo.

Si había alguien que no calificaba para la salvación, ese era Zaqueo: rico (persona sin necesidades), cobrador de impuestos (opresor) y seguramente ladrón (o por lo menos, socio de ladrones). El currículum de Zaqueo no tenía nada que envidiarle al del gobernante más corrupto.

Y en medio del tumulto que no lo dejaba ver a Jesús, Zaqueo, por alguna razón misteriosa, sintió que el corazón se le salía del pecho. Allí, detrás de la gente, se encontraba el enano. Intrigado, no sabía bien quién era Jesús. Pero Jesús, emocionado, sabía muy bien quién era Zaqueo.

En un impulso infantil, Zaqueo corrió hasta un árbol cercano y se trepó. Desde una rama que sostenía con facilidad su pequeño cuerpo, veía claramente a Jesús caminando mientras la multitud le abría paso.

Cuando estaba a unos metros de donde se encontraba Zaqueo trepado como un mono, Jesús se detuvo.

La profunda mirada silenciosa de Jesús dijo más de lo que se ha escrito en libros. Y para que la invitación quedara grabada en la eternidad del aire, pronunció las palabras: «¡Eh!, Zaqueo, baja enseguida. Vamos a tu casa, vamos a comer». (¡A mí me gustan los muchos ejemplos que tenemos de Jesús llevando a cabo su ministerio mientras comía!)

Zaqueo era un hombre acostumbrado a tener todo bajo control. Él siempre estaba al mando de la situación. El hecho de no tener la sartén por el mango esta vez podría ser visto como una señal de debilidad, y eso era algo que una persona en la posición de Zaqueo no se podía permitir.

Sin embargo, la historia que contaban los ojos de Jesús a través de su mirada lo había sorprendido, porque era de Zaqueo que hablaba, no de Jesús.

Agarrado fuertemente de las dos manos, Zaqueo trató de no mostrar sorpresa cuando Jesús lo invitó a ser su anfitrión.

Jesús y Zaqueo eran personas totalmente opuestas. Jesús no necesitaba dinero; Zaqueo lo buscaba. Jesús era un buen judío, Zaqueo no, era un judío traidor que trabajaba para los romanos. Eso de que Jesús fuera a su casa no resultaba tan simple ni para Zaqueo ni para Jesús. Déjame explicarte.

Era riesgoso para Jesús ser visto con Zaqueo. Políticamente constituía un compromiso; el pueblo judío podía ver como una traición el que Jesús entablara relación con alguien vendido al emperador de Roma: ¡Era eclesiásticamente incorrecto los líderes lo iban a criticar fuertemente por «andar con los del mundo»!

Para Zaqueo, la escena también resultaba riesgosa; sus compañeros corruptos podían ver algún tipo de amenaza en el hecho de que un judío prominente ingresara en su círculo de «negocios». Esta trama se enredaba más que una novela venezolana.

Con todo la línea había sido lanzada, ahora la multitud era la que tenía sus ojos puestos en Zaqueo. ¿Qué iba a contestar? Si Zaqueo ignoraba la invitación de Jesús, podía dar a entender que no «estaba en la movida» de lo que acontecía en la ciudad; y si la aceptaba, podía resultar comprometedor ante el gobierno romano. Si no reaccionaba como alguien que estaba en control de las cosas, la gente podría pensar que la invitación lo había asustado. Como siempre, Jesús había puesto a alguien en un aprieto intelectual y emocional.

Sus pies querían saltar del árbol, pero sus manos no soltaban la rama. Como pudo, con la garganta seca, pronunció las palabras: «¿Por qué no? Vamos, ¡hay comida en mi casa para el Rabino! ¡Sé que te gustan los higos, siempre hay frescos en casa!» Y arrancó un higo de la rama en la que estaba y lo mordió como un experto mientras se bajaba del árbol tratando de tocar el piso con sus piecitos.

Es preciso entender que las personas, por más «pecadoras» que sean y aunque a veces no lo aparenten, quieren ver a Jesús. Y nosotros muchas veces tendremos que ir a comer a sus casas para que eso resulte posible, para que lo conozcan.

Jesús, abriéndose paso entre la gente, caminó hasta llegar junto a Zaqueo para ir a su casa. La túnica de Zaqueo cubría el temblor de sus cortas piernas, así que aparentando sentir la confianza de un viejo amigo caminó con Jesús, quien solo sonrió y marcho a su lado con la familiaridad de un hermano.

La casa de Zaqueo debió haber sido algo digno de ver y admirar. Según su perfil político y social, la mansión tendría que haber sido construida con el dinero de los impuestos. Seguramente los sirvientes eran mantenidos con ese mismo dinero. Y el desfile de amigos y «amigas» que entraban y salían de la casa era digno del salón de la fama del mas mafioso.

La verdad es que Jesús no estaba haciendo nada que no hubiera hecho antes. Él dejó la gloria del cielo y su trono a la diestra del Padre para vivir entre nosotros, entre tú y yo, los más pecadores. Si entrar a la casa de Zaqueo, con todos sus amigos mantenidos y ese espectáculo de pecado lujoso, resultaba normal para Jesús, ¿por qué debería ser diferente para nosotros?

Según la historia bíblica, Zaqueo era el anfitrión y Jesús el invitado. ¡Qué ironía!, porque en la historia de la salvación, Jesús se convierte en el anfitrión y nosotros en los invitados.

¡Espectacular mi Jesús! No tuvo vergüenza de ser visto como

invitado en la casa de un pecador, ni de invitar a su casa a un pecador. De modo que, ya sea que yo invite a Jesús a mi mesa o que él me invite a la suya, no tiene vergüenza de cenar conmigo. Y si sabía que un día iba a comer conmigo, ¿cómo no iba a cenar con Zaqueo?

Esta no es la forma particular en la que Jesús y Zaqueo se conocieron. Esta es la forma particular en la que Dios y la humanidad se han conocido por las edades. En un encuentro en el que Dios nos visita en nuestra propia casa y se sienta con nosotros a comer. A pesar de nuestra corrupción acepta nuestra comida, aunque no aprueba nuestro modo de vida.

Es lo mismo que sucede en lo que hoy llamamos la Santa Cena. Esa reunión que hemos convertido en algo exclusivo para los del *club* y que realizamos tan formalmente como si fuése-

NOS OLVIDAMOS QUE LA CENA ES DEL SEÑOR, NO NUESTRA. LA MESA, ES DEL SEÑOR, NO DE NOSOTROS.

83

mos el pueblo de la tristeza y no de la alegría. Nos olvidamos que la Cena es *del Señor*, no nuestra. La mesa, *es del Señor*, no de nosotros.

Dios ha mantenido una relación con los pecadores por miles de años, o por lo menos la ha mantenido conmigo. Él no entra en sociedad con los pecadores, pero sí entabla una relación con ellos.

Como Jesús aceptó a Zaqueo, fácilmente Zaqueo aceptó a Jesús. En ningún lugar de la historia se nos dice que Jesús haya aprobado el estilo de vida de este cobrador de impuestos, pero el relato nos muestra que lo aceptó lo bastante como para hacerlo sentir cómodo y comprendido. Lo que convenció a Zaqueo fue la gracia del Hijo de Dios al sentarse a comer con él, y no un juicio que señalara su maldad.

La santidad de Jesús no incomodó al pecador, por el contrario, lo atrajo. ¡Qué equivocados estamos al pensar que los «pecadores» deben sentirse incómodos en nuestra presencia! Si los incomodamos, ¿cómo nos van a oír?

Resulta obvio para mí que Dios ya venía tratando con Zaqueo.

Muchas veces nosotros olvidamos que el Espíritu Santo ya está trabajando. Por alguna razón que aún no entiendo, pensamos que el Espíritu Santo solo opera dentro de la iglesia y por eso creemos que tenemos que llevar a la gente a la reunión. No es así. Mucha gente necesita que seamos nosotros los que vayamos. Los que los visitemos. Los que nos hagamos amigos y nos sentemos a comer en su casa, porque el Espíritu Santo ya está trabajando en ellos.

Dios había estado tratando con Zaqueo mucho tiempo antes de que Jesús pasara por Jericó. Dios ha estado hablando con nuestros amigos mucho tiempo antes de que nosotros empecemos la conversación.

Para Zaqueo, la salvación llegó cuando la santidad y el pecado se sentaron a comer. No obstante, me pregunto cuánta gente desesperada por ver a Jesús hemos pasado por alto al pensar solo en «las multitudes» y en «nuestro destino». ¡Cuántos están dentro de la multitud solitarios y aferrados a la rama de un árbol, necesitando que cuando pasemos por Jericó vayamos a su casa y nos sentemos a comer unos cuantos higos con ellos! En la iglesia, por pensar en Jerusalén, muchas veces nos hemos olvidado de que pasamos por Jericó. Al pensar en nuestro destino, hemos perdido el camino. Al pensar en las multitudes, hemos olvidado a Zaqueo.

Cuántas mujeres, como la prostituta de Jericó, viven en una ciudad enorme pero se encuentran solas y necesitan que, mientras hacemos lo que sea que hagamos, mientras ejercemos nuestro trabajo, lleguemos y llevemos la salvación a su casa.

Muchos cristianos han crecido creyendo que les está prohibido desayunar con Zaqueo por ladrón, o hablar con una prostituta por sucia.

Hemos enseñado, erróneamente, que «hay que cuidar el testimonio», y definimos testimonio como la opinión que nuestros hermanos tienen de nosotros. La realidad es que el testimonio es la opinión que los precreyentes se forjan de Jesús al observar la forma en que los creyentes conducimos nuestra vida.

No podemos esperar transformar nuestra sociedad quedándonos en el camino y escuchando las adulaciones de la multitud.

La evangelización no solo debe darse en los estadios llenos ni en los grandes conciertos al aire libre. La evangelización se hace en la casa de Zaqueo, en el hogar de Rahab. La mesa está servida: ¡Vamos a comer! Dejemos a la multitud por un momento, busquemos a Zaqueo, quién sabe... tal vez hoy la salvación llegue a su casa.

¡QUÉ BUENA PROSTITUTA!

«EN MOMENTOS CRÍTICOS, HASTA LOS MÁS PODEROSOS NECESITAN DE LOS MÁS DÉBILES».

ESOPO

Como una muñeca rota con la que los niños grandes de la ciudad juegan, parecía no reaccionar ante el uso, el abuso, y aun el desuso. Sus emociones siempre eran ficticias, por eso jugaban con ella. Todos creían haber tocado el cielo con las manos cuando lo que habían hecho era tocar el infierno con el alma. A través de los años, ella había sido la mejor muñeca de la ciudad. Todos conocían el camino a su casa. Cuando colgaba un listón rojo en el dintel de su puerta, todos sabían que adentro la muñeca estaba lista para atender a los comensales que llegaran a comer, devorar y dejar las migajas para el siguiente afortunado o desafortunado.

Ella sabía muchas cosas de casi todos en la ciudad... tal vez demasiado.

Conocía la vida de los capitanes del ejército y sus secretos. Estaba al tanto de lo que ocurría con los religiosos, sus esposas y sus secretos. Sabía de los comerciantes locales y viajeros: no ignoraba cuánto dinero tenían, cuánto traían ni lo que escondían. Tenía conocimiento de los pasadizos ocultos del palacio real; más de una vez había sido llamada por el gobernante, asi que ella sabía de él y sus secretos.

De ella, nadie sabía nada, ni de sus secretos.

Todos conocían quién era y a lo que se dedicaba. Su cuerpo era tentador y seductor. Ella era el anzuelo y el señuelo, el aliciente y el estupefaciente. El atractivo imposible, inalcanzable y embriagador.

Su piel color miel se derretía lento bajo el sol oriental. Sus ojos peligrosos de oscuro cristal invitaban a la aventura prohibida, veían dentro del corazón del que estaba con ella, y al mismo tiempo, protegían como escudos el alma de su dueña.

Su sonrisa bailaba al ritmo de sus caderas adornadas con joyas de todo el Medio Oriente. Una piedra preciosa traída de tierras lejanas, colgada del ojo perfecto de su ombligo, guardaba el secreto del que se la había regalado. Ella, como la piedra, no hablaba del hombre que la había colocado allí, solo presumía con exuberancia y lujuria.

Era una prostituta atractiva. Era una prostituta elegante. Pero era prostituta.

En su casa, ella se escondía a plena vista, como un cofre adornado de joyas y lleno de sorpresas pretendiendo pasar desapercibido. Lo que hacía, lo hacía muy bien, pensaba mientras se recostaba en el marco de su ventana principal y veía a la gente pasar. A sus espaldas había otra ventana que daba al norte, desde la que se veía la vastedad del desierto regado por el Jordán. La brisa que entraba la hizo darse vuelta, hubiera jurado que en el horizonte había escuchado una voz que la llamaba lentamente, pronunciando su nombre. Cuando el sonido llegó a su corazón, algo se rompió en su interior. Astutamente y sin aviso, las lágrimas comenzaron a nublar sus ojos a paso lento llenando de tristeza su mirada. Regresó su atención hacia la ventana que daba a la ciudad, para ver como el viento contento y libre bailaba con el listón rojo que, amarrado, colgaba afuera.

«Ellos están de fiesta», pensó, viendo volar la cinta, «¿por qué no yo?» Como niña que envidia al que tiene más, caprichosamente desamarró el listón, cerró la ventana y entró a su atrio perfumado con mirra, áloes y canela.

Con el listón apretado entre sus dedos se echó sobre su cama, que la abrazó como si fuera una tumba. En silencio, sus lágrimas lavaban las sábanas egipcias que día a día guardaban los secretos de la ciudad. Lloraba por ella, porque no había nadie más por quién llorar. Lloraba porque no había nadie que llorara por ella. Los hombres de la ciudad la despreciaban mientras que por dentro la codiciaban. Sabía que era prostituta, pero le dolía cada vez que la trataban como tal.

Su padre y la familia de su padre eran lo único de valor real que poseía, pero aun ellos, a veces, la miraban de un modo extraño, conociendo la verdad de lo que hacía. Los pensamientos le arrancaban el corazón, rompiendo el umbral del dolor hasta llegar a la tortura.

Sus lágrimas y sollozos le decían que tenía que dejar todo, su trabajo, su dinero, sus secretos, si quería seguir con vida.

En el fondo de su corazón roto ella creía, sabía que tenía que haber una salida. El listón rojo que atraía a los que la usaban ahora la abrazaba. Hoy era su amigo, no había traído al extraño ni al enemigo. Hoy su listón de aviso no le hablaba de alguien que estaba afuera esperando entrar, sino de lo que estaba adentro aguardando salir. Era como si algo naciera en ella. Su llanto la arrulló hasta que no quedó nada más que el sueño de dejar de ser lo que era y convertirse en otra persona. Así se quedó dormida, esta vez sola.

Los pasillos oscuros que subían hasta la puerta de la casa del listón rojo se formaban como resultado de gradas angostas pegadas al muro norte de la ciudad. Mucha gente pasaba, agilizando su paso, subiendo y bajando apurada para llegar a sus labores diarias. También corrían porque esos lugares no eran los más seguros ni tenían la mejor reputación. A nadie le gustaba ser visto ahí, ni con los que vivían ahí.

Como hormigas cumpliendo con su trabajo y su destino, la multitud llenaba cada espacio del camino. Entre tanta gente de la ciudad y tanta gente que traía sus productos para venderlos en la aldea, ¿quién iba a sospechar de dos más? Mucho menos de dos que llegaban buscando la casa conocida por todos como la del listón rojo.

Jericó era una ciudad activa, grande y famosa. Contaba con una fluida actividad comercial gracias a su ubicación al sur del valle del río Jordán.

EN SILENCIO, SUS LÁGRIMAS LAVABAN LAS SÁBANAS EGIPCIAS QUE DÍA A DÍA GUARDABAN LOS SECRETOS DE LA CIUDAD.

Su clima era caluroso porque se encontraba bajo el nivel del mar. Era una ciudad ubicada en un punto estrtégico en el que convergían dos rutas con una gran afluencia de culturas, comercio y religiones. Jericó conectaba una ruta comercial al oeste con una ruta política al este: era la fórmula perfecta para tener un ciudad fusión. Las aromas de cultura y los sabores de religiones eran irresistibles para los viajeros, pero no tanto como sus mujeres.

De modo que tanto comercio y tanto visitante hacía pensar a las mentes débiles que la prostituta prestaba un servicio importante que estaba a la orden del día. No obstante, nadie sospechaba del servicio tan importante que le prestaría a la eternidad.

Y estos dos venían del desierto. Eran los espías de Josué, que esperaba con todo el pueblo de Israel a no muchos kilómetros de distancia los informes para saber cómo conquistar Jericó, la cabeza de playa de Canaán.

Por alguna razón Josué había escogido a esos dos hombres. Ni bien llegaron, empezaron a rastrear la mayor cantidad de información acerca de esa ciudad impenetrable, sin impotar dónde pudieran encontrarla. Querían concer sus secretos.

Podemos llegar a muchas conjeturas de por qué se acercaron a un prostíbulo. Pudo haber sido debido a la mera ingenuidad. ¡Pudo haber sido a causa de tanto tiempo en el desierto! Pudo haber sido por «recomendación» de algún viajero. O tal vez producto de la misma sagacidad de estos dos al ser dirigidos por el Espíritu.

Si lo que ellos querían era pasar desapercibidos, con toda tranquilidad podemos decir que ir a un prostíbulo constituía una excelente idea. Los prostíbulos tienen la política de no preguntar nada ni revelar nada. A las prostitutas no les importa con quién se inmiscuyen.

Así que estos dos fácilmente encontraron las gradas que conducían a la casa de la prostituta llamada Rahab.

No importa la razón por la que llegaron a la casa de la ramera, al leer el relato bíblico, resulta obvio que Dios ya estaba interviniendo en la vida de Rahab.

La historia de Israel es maravillosa, pero en ocasiones encuentro más maravillosa la historia de esta prostituta. Porque ella, al final de la historia, es la que se salva. Y no solo eso sino que por ella, por la prostituta, se salva su familia.

De todos los reyes y personas importantes que había en Canaán, de todas las personas altamente educadas e influyentes que vivían en Jericó, de todas las niñas y niños inocentes que riendo jugaban en la tierra prometida, de todos los comerciantes y agricultores que honestamente trabajaban en ese reino, de todas esas personas y las demás que habitaban allí, Dios escogió hacer un pacto con una prostituta.

No se trata de la clase de persona que Dios salva, sino del glorioso proceso de salvación que Dios usa para redimir a la persona.

Las prostitutas siempre han sido prostitutas. Y en ese tiempo, como ahora, representaban el eslabón más bajo de la cadena alimentaria de la sociedad.

La palabra más ofensiva del idioma castellano no es tonto ni idiota, no es imbécil. La palabra más denigrante que alguien pueda expresar en castellano es «puta», y esa palabra resulta tan vulgar que incluso tuve que pensarlo muchas veces antes de incluirla de forma literal en este libro.

Sin embargo, eso es lo que Rahab era, y así la llamaban. Aun los más religiosos pensaban en ese vocablo cuando por la calle se cruzaban con ella. No obstante, a esa ramera, Dios quería mostrarle su gracia.

¿Por qué será que Dios tuvo que elegir a una verdadera ramera para tan importante circunstancia en la historia de su pueblo? Quizás la gracia y la ramera se parecen; después de todo a ninguna de las dos les importa con quién se involucran. A ninguna de las dos les importa de dónde vienes. A ninguna de las dos les importa si eres bueno o malo. A ninguna de las de las dos les importa tu educación, comportamiento o apariencia. A ninguna de las dos les importa si estás limpio o sucio. Una lo hace con cualquiera y también la otra. Una te cambia y la otra también. La única diferencia es que una te cobra y la otra no; la una lo hace por dinero y la otra por amor.

Solo a Dios se le podría haber ocurrido algo tan arriesgado, irreverente y exuberante: una prostituta común sale a su balcón a colgar el listón rojo que anuncia que estaba lista para hacer lo que comúnmente hacía, y encuentra a dos espías que le muestran la gracia para que deje de hacer lo que antes hacía. En ese momento pareció que el delgado manto del universo se rasgaba de punta a punta ante la aparente incongruencia divina cuando una vil puta se tropezó intempestivamente con la Gracia Eterna que la cambió de puta a santa.

¿Te imaginas a la prostituta con sus ojos de tigre salvaje, acechando, leyendo y estudiando a estos dos?

Como astuta depredadora, su mirada llena de seducción se clavó en uno de ellos, dejando al otro como presa indeseada. Sus miradas se cruzaron sin mayor intención. La voz que antes había roto algo en su corazón ahora la tomó de rehén, haciendo que todas sus emociones y sentimientos se confabularan en su contra, debilitando sus rodillas y acelerando su respiración.

Viendo lo bella e invitadora que era, la mirada del espía pidió poder entrar a su casa. ¡Si tan solo hubiese sabido que lo que Rahab quería era dejarlo entrar en su corazón! ¿Qué encontró en su alma? ¿Qué vio en su corazón? ¿Qué oyó en su voz que hizo que la fe de esta prostituta floreciera como cultivo del Jordán? La reina de la debilidad de los hombres ahora estaba de rodillas a causa de su flaqueza ante la gracia. ¡Ah! Ahora el espía fue el anzuelo y el señuelo, el aliciente y el estupefaciente. ¡Ahora él se convirtió en el atractivo imposible, inalcanzable y embriagador! ¡Qué forma de hacer florecer la fe de alguien que empezaba a creer!

Bien pudieron haberla tratado como doblemente inmunda. Como la gentil y como la prostituta que era. Pero algo sucedió... ¡la gracia pudo más!

En esa tierra usurpada por un pueblo pagano, en esa ciudad dada a la idolatría, en medio de esa casa dedicada a una lujuria aberrante, Dios ya estaba hablando. Su voz ya había seducido a la dueña de la seducción.

Desde las cómodas butacas de nuestras iglesias tenemos que reconocer que Dios ya está trabajando con las personas que no «están adentro» y les está preparando un encuentro intempestivo con su gracia.

Es increíble la manera en que muchas veces hacemos gestos de asco al ver a personas que no alcanzan nuestra altura cultural o nuestra higiene espiritual. Al hacer ese gesto, nuestros ojos hacen guiños y se cierran como las cortinas de una casa vieja, y no nos dejan ver a Dios, a Jesús y al Espíritu Santo abrazando a los que nosotros rechazamos.

Esta historia del libro de Josué no trata acerca de una prostituta. Esta historia habla acerca de ti. Acerca de mí. Este relato se refiere a la forma en que Dios usa y busca a aquellos que no dan con el perfil perfecto que hemos diseñado como requisito de ingreso a nuestro cristianismo cultural.

Las personas que pensamos que menos nos merecen son las que más nos necesitan y las que más necesitamos.

Estos dos hombres necesitaban a Rahab. Y sin ellos, Rahab

nunca hubiera conocido la salvación. Tenemos que entrar a Jericó y hacernos amigos de la prostituta.

Existen tantas prostitutas en nuestras calles porque hay pocos cristianos que se les acerquen. Salgamos del templo. Caminemos por los pasillos oscuros y subamos las gradas del muro del norte. Busquemos el listón rojo. Quién sabe, tal vez nos sorprenda alguien que venga creyendo mucho tiempo antes de que nosotros pisemos su tierra.

No entiendo por qué le tenemos miedo a la prostituta. ¿Por qué le tememos al homosexual? ¿Por qué nos asustamos del que vive en pecado? ¿Por qué le tenemos miedo al que no se sienta con nosotros en la reunión y canta nuestra canción? Cada uno de nosotros posee una larga historia. Nuestros amigos y amigas tienen sus historias. Pero su pasado no importa para nada. No es posible que por

ESTOS DOS HOMBRES NECESITABAN A RAHAB. Y SIN ELLOS, RAHAB NUNCA HUBIERA CONOCIDO LA SALVACIÓN. TENEMOS QUE ENTRAR A JERICÓ Y HACERNOS AMIGOS DE LA PROSTITUTA.

el pasado (¡o por el presente!) de las personas nos alejemos de ellas. Los cristianos tenemos un gran defecto: nuestra memoria es tan buena que eso nos impide olvidar el pasado de los demás.

A Rahab, aún la recordamos como prostituta. ¡¿Qué nos da ese derecho?! ¿Te imaginas si aun después de tu tropiezo intempestivo con la gracia todos agregáramos antes de tu nombre un adjetivo similar al de Rahab solo porque eso era a lo que antes te dedicabas? Lo que derribó los enormes muros de Jericó no fueron las trece vueltas aburridas del pueblo de Israel. Lo que destruyó a Jericó no fue el grito desaforado de dos millones de personas y el toque desafinado de los sacerdotes con sus shofares. Lo que obliteró la ciudad fue la obediencia. Los israelitas estaban altamente motivados a obedecer. Su fe en Dios creció cuando oyeron el «informe misionero» de dos miembros de la iglesia que fueron a la casa de una prostituta que creía y tenía fe en Dios. Sí, a la casa de una prostituta, una ramera que estaba esperando que su fe floreciera. Y no se olvidaron de contar cómo esa prostituta les dio refugio, comida y algo más... la fe de creer que Dios iba a concederles la ciudad. ¡Qué buena prostituta! Dios estaba bregando con su corazón mucho antes de que los cristianos llegaran al vecindario.

¡Qué buena prostituta! Creía en el Dios de Israel antes que muchos israelitas. ¡Qué buena prostituta! Dios aún camina los pasillos oscuros de nuestras ciudades, subiendo las gradas angostas por los muros del norte a donde nadie más quiere ir para no afectar su reputación. Camina sin huir. Dios se dirige a la casa de Rahab. ¡Qué buena prostituta! Dios aún busca el listón rojo colgado para saber que existe necesidad de salvación. ¡Qué buena prostituta! Para los que la conocían, Rahab era una mujer que vendía su cuerpo. A los ojos de Dios, ella era una virgen pura y casta. ¡Qué buena prostituta! Se la menciona en las Sagradas Escrituras más veces que a ti y a mí.

¡Qué buena prostituta! Aparece como uno de los ancestros de Jesús. A él no le da vergüenza ser descendiente de una prostituta.

Después de la destrucción de Jericó, Rahab vivió con los israelitas. Se enamoró de un varón de la tribu de Judá (¡a mí me gusta pensar que fue de uno de los dos espías!). Este se llamaba Salmón (como el nombre del pescado que comemos), con quién tuvo un hijo al que llamó Booz. Booz, siguiendo la tradición familiar, se enamoró de una chica gentil (no era judía) que vivía en Moab y se llamaba Rut (sí, la de la Biblia). Ellos tuvieron un bebé al que le pusieron por nombre Obed, que tuvo un hijo al que nombró Isaí, el papá de alguien un tanto famoso que se llamó David. Veintiséis generaciones después dos primos descendientes del rey David fueron los padres terrenales de nuestro Señor Jesús.

¡Eh, Rahab, qué buena prostituta!

TRES CIUDADES, TRES PODERES

«¡SUPERMAN!»

FREDERICH NIETZSCHE

Los hombres de fe celebran lo espiritual y a Jerusalén. Los hombres que los evangélicos normalmente consideran del mundo celebran el poder y a Roma. Y los hombres de estudio celebran el intelecto y a Atenas.

Y tú, ¿en qué ciudad estás? ¿En qué ciudad vives? ¿Qué es lo que celebras?

A través de las edades, como cristianos hemos pensado que la ciudad en la que debemos vivir es Jerusalén. Nos sentimos misioneros progresistas cuando tenemos la valentía de salir de esta urbe amurallada y nos dirigimos a Roma o a Atenas para ver cuánta gente podemos traer de regreso a Jerusalén.

Y nos consideramos mucho más progresistas cuando abrimos las gruesas y fuertes puertas de nuestra bella Jerusalén para dejar entrar como visitantes a los romanos y los atenienses. Así como cuando les permitimos realizar un «tour» por la ciudad, enseñándoles nuestras áreas más atractivas para ver si abandonan sus ciudades «paganas» y se vienen a vivir con nosotros. A veces, nos vemos un tanto ridículos cuando pretendemos ser tan de avanzada invitando al romano y al griego, pero cuidándonos de la crítica de los que viven con nosotros en Jerusalén.

En nuestra ciudad, la ciudad de lo espiritual, levantamos grandes muros. Elevamos gruesas paredes para protegernos de los ataques de aquellos que no creen como nosotros. Nos estamos protegiendo de otras culturas, nos estamos cuidando de «los de afuera».

Teníamos razón. Los de «afuera» nos querían conquistar y destruir; pero gracias a la historia, nos damos cuenta de que los muros no nos protegieron en lo absoluto. Lo que nos guardó fue lo que teníamos en el corazón. Jerusalén, la ciudad, fue invadida, pero su esencia, su espíritu, no fue conquistado.

Cada vez que construimos un muro de quince metros para la protección, debemos saber que habrá alguien afuera que levantará una escalera de dieciséis metros para la invasión.

Cada vez que construimos un muro de quince metros para la reclusión, debemos saber que habrá alguien afuera que levantará una escalera de dieciséis metros para la evasión. No se puede encarcelar al espíritu humano tras puertas y muros.

El espíritu del hombre puede ser transformado, pero nunca apresado.

Durante los setenta años que rigió el comunismo en el siglo pasado, algunos estados totalitarios tontamente creían que al erigir una cortina de hierro alrededor de sus países nada saldría y nada entraría.

¡Qué ingenuidad! Mucho salía y mucho entraba, y todo debajo de sus puntiagudas narices occidentales.

Yo mismo introduje Biblias prohibidas y material «ilegal» en la antigua Unión Soviética (hoy Rusia), en la ciudad de Leningrado (hoy San Petersburgo). Y me llevé pegado a la espalda con cinta adhesiva un listado con los nombres en clave de personas que trabajaban con la iglesia subterránea de Checoslovaquia.

Toda la fuerza e «inteligencia» del comunismo que había construido un muro «impenetrable» alrededor de sus países prisioneros no pudo detener a un regordete guatemalteco que ingresaba Biblias de contrabando y salía con material clandestino.

Del mismo modo, nosotros pensamos que escondidos detrás de los muros de Jerusalén nada nos va a alcanzar. Que las gruesas y pesadas puertas de la ciudad nos protegerán. Pero la verdad es otra.

Roma y Atenas tienen una sombra basta. Hemos construido en Jerusalén un muro de quince metros a fin de que nada entre ni salga, solo para descubrir que los griegos y los romanos construyeron una escalera de dieciséis metros no solo para entrar, sino para dejarnos salir.

Los griegos y los romanos hicieron más por nosotros que provocarnos risa con esas batas blancas que usaban.

Tú podrás ser muy espiritual, muy de Jerusalén, pero estás leyendo este texto en el alfabeto latino, o sea romano. Tu iglesia podrá encontrarse en Jerusalén porque es la ciudad de Dios, pero su programación anual se registra en un calendario romano.

Los planetas tienen nombres romanos que se usan para los días de la semana en los que organizamos las actividades de la iglesia.

La estructura social en la que hoy vivimos llegó a nosotros desde Roma. Incluso, la estructura organizacional que hoy existe en la iglesia tiene su origen en Roma, en donde los apóstoles de la iglesia primitiva la aprendieron.

Te tengo malas noticias... tienes una hermosa herencia romana.

Y no solo Roma se encuentra en tu pasado, también Grecia. Cada vez que te sientes a la mesa piensa en Grecia, porque el tenedor con que te llevas la comida a la boca fue un invento griego.

No puedes ni siquiera leer la Biblia sin tropezarte con imágenes nacidas en el corazón de Grecia. Cada palabra del Nuevo Testamento, como si fuera una conexión a la Internet, está en azul y tiene un hipervínculo que nos conduce a las obras de Platón y muchos otros filósofos griegos.

Aun las ideas y conceptos del Antiguo Testamento, cuando se expresan en el Nuevo Testamento, aparecen con palabras de profundo significado filosófico griego. Cada palabra lleva consigo una rica herencia ateniense.

El Nuevo Testamento es un libro escrito por judíos,

PABLO TENÍA RAZÓN: «LA PALABRA DE DIOS NO PUEDE ESTAR PRESA», NI SIQUIERA PRESA DEL LENGUAJE; SIGUE SIENDO UNA PALABRA INFALIBLE, PERFECTA Y COMPLETAMENTE LIBRE.

pero en griego, incluso el libro que lleva el nombre el gentilicio de ellos: Hebreos. Y este libro, aunque se llama «Hebreos», tal vez resulte el más helénico de todo el Nuevo Testamento.

Solo estudia ligeramente la narrativa del Nuevo Testamento y ten en cuenta el uso tan estratégico que Juan le da a la palabra «logos». ¡En griego!

Incluso el Antiguo Testamento fue traducido al griego. Tarea que se realizó en la ciudad de Alejandría, el epicentro de la filosofía helénica. Eso es maravilloso.

Pablo tenía razón: «La palabra de Dios no puede estar presa», ni siquiera presa del lenguaje; sigue siendo una Palabra infalible, perfecta y completamente libre.

Desde la forma en que dividimos los campos de estudio de la ciencia hasta el modo en que organizamos el contenido de una biblioteca (aunque sea en línea), todo tiene una gran herencia helénica.

Claro está, tenemos que apartarnos de las raíces griegas y romanas y regresar constantemente a nuestras raíces hebreas, a las raíces de la verdadera iglesia cristiana. Sin embargo, esa no es razón para olvidar y desechar a Grecia y a Roma.

Un amigo mío con el que discuto mucho llega a veces a mi casa a tomar café y citarme sus libros (¡aburridos por cierto!). Allí, en la mesa de mi comedor, arrullado por el aroma de una taza de buen café guatemalteco, oigo en las letras de sus escritos a mi amigo Tertuliano, filósofo y pensador del siglo tercero. Él me insiste y me insiste en que la raíz de toda herejía está en la filosofía pagana, especialmente la griega. ¡Ay Tertuliano! No sé cuál es tu lío con los pobres griegos. Precisamente porque la filosofía de ellos anda por otros rumbos es que necesitamos que vean la luz de la Verdad. Déjame por favor, estudiar, entender y amar a los griegos: necesitan a Jesús.

No debemos pelearnos con los romanos ni con los griegos, debemos correr a ellos, abrazarlos, besarlos y servirles. No intentes conquistarlos, tienen cepa de guerra. Sin embargo, el servicio y la gentileza, la conversación y la compañía, los acercará más a Jesús.

Aprende su idioma, lee su literatura. Descubre sus necesidades y súplelas en el nombre de Jesús.

El idioma y la literatura son las puertas de entrada a una cultura y sus valores. Hablando *cristianense* y leyendo libros cristianos como este, no lograrás alcanzar a aquellos que viven fuera de la burbuja cultural del cristianismo.

Los dueños de las librerías cristianas me dicen que no venden libros que no sean «cristianos» porque los creyentes no están interesados en ellos, solo compran «libros cristianos». Eso es una tragedia. Estamos cometiendo un suicidio intelectual en la iglesia cristiana. Y como esos libros son los únicos que leen muchos de nuestros líderes, son los únicos que nuestros líderes nos recomiendan. Pensamos que estamos haciendo un bien, y en parte es así, pero extraer partes del conocimiento humano para educar a los cristianos a la larga resultará en un accidente intelectual que está esperando suceder.

Nuestros jóvenes, líderes y pastores deberían estudiar el amplio espectro del conocimiento humano, la cultura y la vida, no solo la temática que se considera importante para el funcionamiento de la iglesia.

Los pastores y líderes, y la iglesia en general, no solo tendrían que motivar a los jóvenes para que estudiaran filosofía, cultura y vida contemporánea, sino que los deberían patrocinar.

Nietzsche, ese brillante filósofo alemán nos dio Stalin, Lenin, Marx, Mussolini y muchos otros miembros del club internacional de genocidas, parecería ser más popular hoy de lo que lo fue en los más de cien años que lleva muerto.

Federico, como le decía su abuela cuando lo llamaba para darle un caramelo, probablemente haya sido una de las personas más influyentes en las vertientes contrarias a la filosofía cristiana de todos los tiempos. Podríamos decir que es «el padrino» intelectual de la mafia atea.

Para debatir las ideas de Nietzsche y las de todos sus ahijados filosóficos, hay que estudiar, es necesario prepararse. ¿Quieres refutar a Nietzche? Tienes que conocer a Nietzsche.

Nietzche debatió con inteligencia pervertida contra el cristianismo porque conocía el cristianismo a fondo. Socialmente, la cultura en la que creció era una cultura «cristiana». En el aspecto intelectual, fue detallista al estudiar y analizar los principios cristianos. Incluso, cuando como cristianos utilizamos la palabra «valores», estamos utilizando un término que el mismo Nietzsche acuñó con relación a los «principios cristianos».

En el área emocional, este Federico se crió escuchando los cantos de la iglesia cristiana y oyendo las enseñanzas de su propio padre, pastor de la congregación local. No solo eso, su legado era mayor aún: sus dos abuelos habían sido pastores cristianos también.

Los genocidios y las atrocidades humanas no se gestan en las reuniones militares o guerrilleras frente a mapas de guerra.

103

La aniquilación y la atrocidad se enseña bajo otro disfraz en los libros de filosofía y en las aulas universitarias de América Latina, en donde se considera al hombre no como una criatura, sino como un «algo» que surgió de la tierra. Desafortunadamente, los cristianos no escribimos ese tipo de libros ni enseñamos en esas aulas.

Las mayores atrocidades de la historia no fueron perpetradas por gente pobre, hambrienta y sin educación. Este mal viene por mandato de gente influyente y educada. «Personas de alcurnia» y cultura.

En uno de sus incisivos *podcasts*, el filósofo y apologista cristiano contemporáneo Ravi Zacharias desborda de ira santa con la frase: «¡Hitler y los comandantes del Tercer Reich planificaban la aniquilación de los judíos mientras escuchaban la música de Wagner y leían los libros más profundos de filosofía. ¡Eran personas altamente cultas y educadas!» La aristocracia será muy atractiva por elegante y protocolaria, pero también tiene las manos sucias.

La ciencia que más influencia alcanza, la filosofía, no debe dejarse en manos de aquellos que saben más acerca de los cristianos de lo que nosotros los cristianos sabemos sobre ellos.

Ha de ser lindo desayunar con el apóstol Pedro, con Juan y con el profeta Elías. De seguro resultaría muy interesante comer salchichas alemanas con Lutero y Calvino en las gradas de la iglesia de Wittenberg, pero creo que como cristianos, nos conviene más cenar con Nietzche y compañía.

Perdamos el miedo a hablar con Nietzche. No araña ni muerde. Más allá de esa música tan aburrida que escuchaba (la música de Wagner, que cuando la escucho me imagino que va a aparecer Darth Vader), Nietzche nos puede resultar muy entretenido e interesante. Si Dios está muerto, como él dice, preguntémosle quién tomó su lugar.

Conversemos con Freud y preguntémosle qué trauma lo tiene así desde niño. Tal vez no lo dejaban hacer pipí a la hora que quería, o quizás comía mucha pizza antes irse a dormir y de ahí las pesadillas.

A la hora del té, siéntate a dialogar con Bertrand Russell. Pregúntale por qué no fue cristiano y si ahora que lleva más de treinta años de muerto cree que las matemáticas son parte del idioma de Dios. Se va a sonreír, luego como buen inglés probará su té y cambiando de tema te contará acerca de su Premio Nóbel de Literatura. No obstante, interrúmpelo e inquiérele acerca de si aún cree que el universo «solo está ahí». Entablemos una charla con Darwin: con esa barba se me hace que quería evolucionar hasta ser como Santa Claus. Digámosle que no lo culpamos a él de todas las atrocidades científicas llevadas a cabo en su nombre. Eso es algo que los cristianos entendemos perfectamente porque han habido muchas atrocidades cometidas en el nombre del cristianismo. Pero mencionémosle que tenemos una pregunta, ahora que ha tenido más de cien años para pensar: ¿De veras cree en la selección natural?

También podríamos ir a comer con Iván Pavlov, y mientras se toma su vodka frío, toquemos una campanita ... ¡creo que va a salivar!

¿Y qué me dices de Carl Sagan? Murió ateo, pero creo que a esta altura ya sabe que Dios sí existe. ¿Te imaginas estar con él en una noche estrellada y que te explique todo lo que sabe acerca de las estrellas, sabiendo que tú conoces al que las creó? Pregúntale qué piensa de que hoy, un domingo cualquiera, se pueda oír el motor silencioso de una silla de ruedas eléctrica entrando apresuradamente por los pasillos de una iglesia cristiana en Cambridge, Inglaterra. ¿Qué piensa acerca de que su héroe, Stephen Hawkins, esté oyendo homilías cristianas domingo tras domingo?

NIETZCHE NOS PUEDE RESULTAR MUY ENTRETENIDO E INTERESANTE. SI DIOS ESTÁ MUERTO, COMO ÉL DICE, PREGUNTÉMOSLE QUIÉN TOMÓ SU LUGAR.

A propósito, menciónale que su película, *Contacto*, me gustó mucho. Y pregúntale qué pasó con esos dieciocho segundos.

Démonos una vuelta por Uruguay y visitemos a Eduardo Galeano, ciudadano ilustre de Montevideo. Tomando mate con él agradezcámosle por amar a América Latina como la ama, y confesémosle que los cristianos tal vez la deberíamos amar así. Pero pregúntale si de veras el hombre y la mujer soñaban que Dios los soñaba o si él solo soñó eso.

Dios ve positivamente el hecho de que sus hijos conozcan, estudien y aprendan el idioma y la cultura de los caldeos, como lo hizo el profeta Daniel.

Dios escogió el griego para comunicar el mensaje del Nuevo Testamento. Obviamente lo consideraba algo positivo. Escogió el clima político y el gobierno romano en el momento preciso para comunicar el primer mensaje viral de la historia; el nombre de Jesús se propagó por el mundo conocido corriendo libremente sobre la fibra óptica del momento: *la paz romana*, que permitió que la historia del Cristo se conociera fácilmente en cualquier región del Imperio.

Cuando «vino el cumplimiento del tiempo» (Gálatas 4:4), Dios envió a Jesús. La sociedad romana «estaba madura» política y tecnológicamente. La filosofía y el lenguaje griego se encontraban maduros y resultaban muy populares. Y sobre todo, la historia del pueblo de Israel había llegado a su día de gloria.

Y entonces, cuando «vino el cumplimiento del tiempo», la cuna de la iglesia se meció al ritmo de los cantos hebreos, su historia quedó escrita en griego, y viajó por el mundo a través de los caminos romanos.

Ese era el tiempo perfecto en las culturas perfectas. En los griegos encontramos el comienzo de la ciencia y la organización del conocimiento humano en sus diferentes disciplinas (como por ejemplo Aristóteles y otros locos de su nivel). En los romanos nos topamos con la aplicación del conocimiento a la vida pública, la república y la ley.

Este coctel de conocimiento, aplicación y cultura logró que la fe y la razón encontraran el vals perfecto para bailar en la pista de la historia. Jerusalén tiene su lugar y es uno muy importante.

En el cumplimiento del tiempo todo rima como en un poema. Roma, Atenas y Jerusalén no son tres ciudades de tres reinos diferentes. Son tres ciudades de un mismo reino, el reino de Dios.

Lo hemos entendido mal. Las murallas de nuestra ciudad y sus puertas no están allí para protegernos ni para impedir que salgamos, están como muestra de la grandeza de nuestra ciudad y su gente. Son una señal, no un obstáculo.

Los historiadores nos dicen que los griegos buscaban el conocimiento. Nos cuentan que los romanos buscaban la gloria y que los judíos buscaban la luz. Pablo, conociendo los ideales de cada cultura, le escribió a sus amigos de Corinto: «Porque Dios, que ordenó que la luz resplandeciera en las tinieblas, hizo *brillar su luz* en nuestro corazón para que *conociéramos* la *gloria* de Dios que resplandece en el rostro de Cristo» (2 Corintios 4:6).

Pablo era un hombre de muchas culturas. Era ciudadano romano (influencia política). Había sido educado en las mejores universidades griegas (influencia cultural) y era hebreo de nacimiento (influencia moral). Por eso podía comunicar con claridad y sencillez la verdad de Jesucristo.

Vivir y ser educado dentro de la cultura de la iglesia es bueno, pero no resulta bueno pertenecer solo a esa cultura. Los romanos nos dieron la esfera política, los griegos la esfera filosófica, y los hebreos la esfera moral. Si queremos marcar alguna diferencia en la categoría política y filosófica de nuestro tiempo, vamos a tener que dejar Jerusalén y conocer cómo piensan los romanos y los griegos. Tenemos que hacer política y filosofía. Por otro lado, no podemos comprender cabalmente a nuestros amigos griegos y romanos sin el fundamento claro y sólido del conocimiento que debemos obtener en Jerusalén. Sin poseer un conocimiento bíblico no comprenderemos el conocimiento romano. Sin tener una cosmovisión cristiana no podremos juzgar bien la cosmovisión griega.

No pretendas jugar al conocedor con los equipos de Roma y Grecia, porque perderás el partido y probablemente el campeonato. Pablo le describe a Cristo a un grupo de amigos que viven en un pequeño pueblo de la provincia romana de Asia. Les dice a los de Colosas que todos los tesoros de la sabiduría y del conocimiento están encerrados, escondidos en Jesús (Colosenses 2:3).

Mucho de ese conocimiento no viene por revelación divina

mientras yacemos tendidos en el piso después de oír una canción de adoración. Llega por el tradicional desvelo, el esfuerzo de la lectura y el estudio. Si no estudias, no viajes a Roma y definitivamente no vayas a Grecia. No te enamores tanto de la vida, la comida y la música de Jerusalén de modo que eso te impida salir de su plaza central.

Ya hemos pasado mucho tiempo allí ignorando las otras regiones que comprenden el reino de Dios. Es hora de salir y emprender el viaje preparados.

¡Qué bien nos haría estudiar en Atenas por un tiempo y vivir en Roma por otro! Mientras tomemos café solo en las librerías cristianas de Jerusalén, charlando con los autores de los libros que allí se venden y conversando solo con nuestros amigos y maestros cristianos, no vamos a saber a qué les sabe la vida a los griegos. Mientras juguemos a ser líderes solo en la plaza de Jerusalén y sus templos, no conoceremos el genuino desafío de dirigir la república.

No podemos pretender ejercer una influencia moral y espiritual sobre un mundo que no conocemos, no entendemos y consideramos hostil.

La pregunta no es si eres influyente en la iglesia; eso resulta relativamente fácil. La pregunta es si ejerces tu influencia fuera de la iglesia. Si el curso de la vida de tus amigos no cristianos está cambiando gracias a ti. Grecia y Roma necesitan otro tipo de líderes. ¡Conviértete tú en ese líder!

Jerusalén te necesita, hay que mantener su espíritu y cultura. Pero existe una urgencia hoy en día: que nos involucremos en otros círculos de influencia como Atenas y Roma. Esas ciudades también son del Reino y te necesitan.

La filosofía y el espíritu de Atenas y Roma tienen tanta influencia hoy como en el tiempo de Jesús. Por eso las advertencias claras del mismo Pablo están plasmadas en la Palabra de Dios como señales para nuestros días.

Ciertamente hay riesgo en la cultura pagana, es un lugar peligroso. Romanos 12:2 y Colosenses 2:8 nos advierten de esos peligros. En los tiempos de Pablo, el mundo greco-romano no era un vecindario para niños y abuelitas; las filosofías eran agresivas, violentas y equivocadas. El hambre de poder de los romanos y la búsqueda de la plenitud intelectual de los griegos resultaban contrarios al Sermón del Monte.

Sin embargo, el peligro nunca ha detenido a la iglesia de cristo. Inflamos nuestro pecho con orgullo cuando aportamos dinero para algún misionero en tierras lejanas y peligrosas. Como estamos seguros de lo que se les ha enseñado, sabemos que poseen las herramientas para defenderse. Pero cuando se trata de nosotros, no nos sentimos tan seguros de lo que nos han enseñado en la iglesia en cuanto a doctrina, teología, filosofía y pensamiento crítico, y nos da temor dirigirnos a Atenas o ir a Roma porque podríamos ser arrastrados por «vanas filosofías y huecas sutilezas».

Nuestros jóvenes cristianos recorren solitarios los pasillos de las escuelas y universidades latinoamericanas. Como beduinos en el desierto, caminan en el silencio de la noche sin que nadie los acompañe. Sienten que lo que les ofrece el liderazgo de la iglesia muchas veces no sirve como respuesta para los cuestionamientos intelectuales que enfrentan a diario provenientes de maestros que no vienen a ser más que actores de teatro barato, cuya función es burlarse de la fe cristiana.

ALGUNOS DE NOSOTROS SENTIMOS QUE COMO IGLESIA HEMOS TRAICIONADO A LA JUVENTUD CRISTIANA PENSANTE, DEJÁNDOLA A LA DERIVA EN UN MAR DE DESAFÍOS INTELECTUALES.

Algunos de nosotros sentimos que como iglesia hemos traicionado a la juventud cristiana pensante, dejándola a la deriva en un mar de desafíos intelectuales (chicos, perdónennos).

La ciencia (Grecia) es inútil sin la Verdad; se corroe y se deteriora sin la moral de Aquel que da la moral. El gobierno (Roma) se sirve a sí mismo sin la Verdad, y lo que es peor, se corrompe y devora a sus ciudadanos. Seguramente hay un lugar para ti en Grecia o en Roma, prepárate.

Es interesante que la misma iglesia que nos dice que no vayamos a Atenas ni a Roma porque pertenecen al «mundo» posea tradiciones atenienses y romanas. Los mismos que nos dicen que dejemos esas «ciudades de perdición» tienen en su doctrina y forma de pensar influencias poderosas que provienen de los precisos lugares de los que nos quieren apartar. Mucho de lo que hacemos pensamos en la iglesia refleja más nuestras raíces romanas y atenienses que nuestras raíces judías.

Es increíble que buscando poder y gloria como los romanos, muchas veces la misma iglesia que antes era perseguida por el César ahora quiera sentarse a su lado; es más, desea sentarse donde se sienta el Cesar. Es como si buscara encontrar en esa posición no la humildad a la que ha sido llamada, sino el poder y el control para ser «cabeza y no cola».

Los mismos que nos ordenan que nos quedemos protegidos dentro de la burbuja del cristianismo piensan como griegos al valorar las cosas materiales por sobre virtudes que genuinamente ayudarían a la sociedad. Muchas iglesias están en Jerusalén, pero su sistema de valores es griego: invierten en cosas como se hace en Grecia, construyen como en Grecia, tienen prioridades como en Grecia.

Otros, solo condenan a Atenas y a Roma y dejan que se quemen hasta que no quede nada ni nadie. Creyendo que estamos en guerra contra esas ciudades, nos hemos encerrado a piedra y lodo y pretendemos quedarnos allí hasta que desaparezca el peligro.

Hemos abandonado a esas ciudades. Las hemos olvidado. Y luego decimos que Jesús es ignorado en la cultura y el gobierno, cuando hemos sido nosotros mismos los que lo hemos hecho irrelevante al no salir de abajo de la mesa, de abajo de la cama en la que nos hemos acurrucado para esconder la luz.

Nuestra ciudad fortificada, con sus medios, instituciones y empresas apartadas, no será santa por permanecer separada de las demás ciudades. Será santa porque su gente, los que vivimos en ella, somos santos y estamos separados *para Dios*, no del mundo ni de las ciudades que él quiere redimir.

Es cuestión de saber cuál es tu ciudadanía y cuál es tu residencia.

Si dudas de tu ciudadanía, entonces no constituyas tu residencia en ningún otro lugar. Pero si sabes con seguridad que tu ciudadanía está en Jerusalén, no tengas miedo de vivir en Grecia, que es muy linda, y ni hablemos de Roma.

Atrapada dentro de los muros de Jerusalén y aprisionada por los gruesos portones de nuestra ciudad cristiana hay una generación de nuevos maestros, pastores, evangelistas, profetas y apóstoles.

En los rincones más olvidados de esta Jerusalén existe una nueva generación que cambiará Roma y Atenas. No se parece a nada que hayamos imaginado ni conocido, es completamente nueva. No se asemeja a los maestros, pastores, evangelistas, profetas y apóstoles que hoy conocemos; es algo por entero diferente, muy, muy diferente.

Asumiendo el riesgo de sonar irrespetuoso, te digo: Si tú eres uno de ellos, si perteneces a la generación que siente que no puede salir de Jerusalén porque esta rodeada de muros de quince metros, toma el material que encuentres, fabrica una escalera de dieciséis metros, y salta los muros. Corre hasta Roma, corre hacia Atenas... que te esperan.

MUJERES

«NO SÉ QUIÉN LAS INVENTÓ NO SÉ QUIÉN NOS HIZO ESE FAVOR; TUVO QUE SER DIOS QUE VIO AL HOMBRE TAN SOLO Y SIN DUDARLO PENSÓ EN DOS. EN DOS».

RICARDO ARJONA

¿Y qué me dices de las mujeres? Ese es otro miedo que como iglesia vamos a tener que perder si queremos transformar al mundo.

La iglesia (artículo femenino) le tiene miedo a las mujeres. Ese es un serio problema, porque las nuevas generaciones de mujeres jóvenes vienen mejor preparadas, más instruidas, y con mentes más ágiles que cualquier otra generación de mujeres de la historia. Así que cuando lleguen a la iglesia, van a querer cambiar las cosas, especialmente el lugar secundario que las damas han tenido durante siglos en nuestra amada institución.

Mucha de nuestra historia, tanto antigua como reciente, está llena de machismo y sexismo. Me resulta inconcebible que la misma iglesia que prohíbe que la mujer ejerza un liderazgo o predique en la congregación, la envíe a las pequeñas aulas de la escuela dominical a dar clases y cuidar a niños y niñas.

Dios no hizo a la mujer para que sirviera al hombre. Si alguien tiene que servir a alguien es el hombre a la mujer. Dios hizo a la mujer porque el hombre estaba incompleto. El hombre iba a necesitar ayuda para realizar la tarea que le había sido encomendada en esta tierra, necesitaba una ayuda, no una sirvienta.

La mujer tiene un lugar de igualdad a la par del hombre. El hombre, especialmente el «macho» latinoamericano, ha bebido la teología occidental escrita en una cultura en la que el hombre era el líder, el único líder.

Sin embargo, ejemplo tras ejemplo en la Biblia, Dios grita acerca de la igualdad de la mujer y su capacidad para liderar, enseñar, pastorear y hacer cualquier otra cosa que el hombre haga, en particular cuando el representante masculino está ausente o resulta inepto para ello.

Dios usó la figura de una mujer para describir a la iglesia, no la de un hombre. Él la corona con una gloria que no le da al hombre. Dios le dio a la mujer una majestad grandiosa de la que privó al varón.

No entraré en discusión en cuanto a las declaraciones de Pablo acerca de la mujer y su papel en la enseñanza. Tampoco discutiré por qué dijo que la mujer debía guardar silencio.

Considero que el que mete estos versículos en una bolsa, separándolos de todo el contexto bíblico, en primer lugar, esconde alguna debilidad y un sentimiento de inferioridad. Y en segundo, creo que intenta cuidar su lugar en el púlpito y mantener su posición en el liderazgo. No vale la pena dedicarle a alguien así mi tiempo ni el de nadie más.

La escritora Isabel Allende, enojada ante el machismo latinoamericano, afirma: «Es mejor ser hombre que mujer, porque hasta el hombre más miserable tiene una mujer a la cual mandar». Es su opinión, cierto, pero sé que suena duro y pesado a nuestros oídos.

A veces han sido las mismas mujeres las que desafortunadamente han permitido que este paradigma viviera cómodamente en sus mentes y corazones. Le enseñan este estilo de vida a sus hijas y sus discípulas: «Sírvele a tu hermano m'hija». «Tu hermano tiene que ir al estadio, tú te quedas conmigo a hacer la limpieza». «Nosotras, las mujeres y las jovencitas, vamos a preparar la comida y servirla para la cena misionera» ... , y otras aberraciones por el estilo.

Escuché a una líder definir este concepto de la Edad Media de esta manera: «Si la mujer quiere púlpito, es pretenciosa, y si un hombre lo quiere, es visionario». No sé qué comen las personas que piensan así, pero es claro que la Biblia y la historia del cristianismo tienen otro punto de vista acerca del asunto.

Karen King es profesora de Estudios del Nuevo Testamento y de Historia del Cristianismo en la Universidad de Harvard. Karen dice que en los últimos veinte años, la historia de la mujer en el cristianismo ha sido revisada prácticamente en su totalidad.

A medida que más mujeres historiadoras ingresan a este campo de estudio e investigación en números nunca antes vistos, traen consigo nuevas preguntas y nuevos métodos de investigación.

Como se hace en todos los campos de estudio, han evaluado y buscado nuevas evidencias. Han descubierto que la presencia de la mujer en el desarrollo del cristianismo y la iglesia ha sido obviada e ignorada por muchos historiadores.

La profesora King da como ejemplo el hecho de que solamente unos cuantos nombres de mujeres nos resultan conocidos: María, la madre de Jesús; María Magdalena, su discípula y la primera testigo de la resurrección; María y Marta, las hermanas que hospedaban a Jesús en Betania.

Pero ahora, dice Karen, estamos conociendo muchos nombres más de los que contribuyeron a la formación del cristianismo y la iglesia en sus primeros años.

Incluso, agrega la profesora King, lo más sorprendente es que las historias que pensábamos que conocíamos bien están cambiando de forma significativa. Y eso a ocurrido como resultado de los nuevos descubrimientos de literatura antigua en algunas excavaciones y de nuevas evidencias. Evidencias que siempre son verificadas por los círculos académicos de estudios de las Sagradas Escrituras, el Nuevo Testamento y la Historia de la Iglesia.

Sabemos que las primeras personas en ayudar en el ministerio de Jesús fueron sus amigas del pueblo de Betania: María y Marta.

> **EN EL TIEMPO DE JESÚS LOS HOMBRES, ESPECIALMENTE LOS LÍDERES, NO DEBÍAN BAJO NINGUNA CIRCUNSTANCIA «REBAJARSE» AL NIVEL DE LA MUJER; EL LIDERAZGO ERA ALGO TRADICIONALMENTE RESERVADO PARA EL GÉNERO MASCULINO (¡QUÉ COSA TAN RETRÓGRADA!).**

No era raro ver a Jesús, hablar, comer y pasar tiempo con hombres y también con mujeres, tanto en privado como en público. Ese es un dato altamente relevante porque en el tiempo de Jesús los hombres, especialmente los líderes, no debían bajo ninguna circunstancia «rebajarse» al nivel de la mujer; el liderazgo era algo tradicionalmente reservado para el género masculino (¡qué cosa tan retrógrada!).

En una de las más maravillosas historias de los evangelios se cuenta acerca de una mujer que aún permanece en el anonimato. Una mujer «del mundo», como equivocadamente le diríamos hoy. Ella buscó a Jesús. No se dice nada de su «pedigrí» eclesiástico porque resulta obvio que por su lugar de origen no pertenecía a ninguna «red», «denominación» o «concilio». Peor aún, no tenía líder ni pastor, por eso corrió a Jesús.

En las dos narrativas (Marcos 7 y Mateo 15) la historia es intensa para el paladar del que se sumerge en ella. Si te dejas atrapar por esa historia, sentirás la atracción de ver a Jesús como alguien que aprende algo maravilloso de una mujer.

Es como si a pesar de su ignorancia e ingenuidad, esa mujer supiera que el ministerio de Dios no estaba limitado a algunos grupos en particular o al género masculino. Ella fue, le rogó, y con fe convenció a Jesús de que sanara a su hija. Ese día, el «ministerio» se abrió a todas las personas, mujeres y hombres, que tuvieran fe.

Jesús tiró a la basura siglos de tradición y costumbres acerca de la posición de la mujer en la sociedad, y para nosotros hoy, en cuanto la posición de la mujer en la iglesia.

Jesús prácticamente preguntó: «¿Dónde está el hombre?» cuando le llevaron a la mujer sorprendida en adulterio en Juan 8. Como siempre, el adulterio era castigado en la mujer y no en el varón. Hoy sigue pasando lo mismo en la iglesia. Una pareja de jóvenes novios tienen relaciones sexuales y ella queda embarazada. Culturalmente, la vergüenza es para ella, no para él. En la iglesia, el castigo es para ella no para él; a ella no la dejan casarse de blanco, pero a él sí lo dejan casarse con su mejor traje, lo cual raya en la hipocresía.

En Betania, Jesús dejó que María se sentara a sus pies. Eso rompía con toda estructura eclesiástica, con todo protocolo de orden y toda la cultura contemporánea. Las mujeres no podían estar en la «sala» en la que Jesús estaba y mucho menos sentarse como «uno de sus discípulos» a los pies del Señor. Jesús le concedió a esta mujer su lugar de igualdad al nivel de los que pronto serían llamados apóstoles.

Y a la mujer que rompió el frasco de alabastro, Jesús no solo la elevó a un nivel de igualdad con todos sus discípulos, sino con todos los líderes y pastores de hoy en día, al declarar que en cualquier parte del mundo, en cualquier tiempo de la historia en que el evangelio se predicara, ella sería recordada.

No se menciona ni una vez a alguna mujer que haya negado a Jesús. Fue un hombre, y para colmo, un apóstol, uno de los principales líderes de la iglesia.

Ese viernes santo, cuando llevaba sobre sus hombros la cruz de la que pendería, Jesús fue abandonado por la mayoría de sus discípulos varones. Se menciona que estaba Juan, pero nadie más. Sin embargo, la Biblia y la tradición oral afirman que «muchas» mujeres lo acompañaron. ¿Dónde estaban los hombres?

El día en que Jesús resucitó, rompió con la corriente cultural, religiosa y política de la época. También arremetió contra la cultura machista de nuestros días al presentarse primero a las mujeres. Se les apareció en primer lugar a las mujeres que valientemente salieron a buscarlo, y recién después, al montón de hombres que llenos de miedo se encontraban encerrados en una casa.

Por aquellos días las mujeres eran objetos, constituían meramente posesiones. El testimonio de una mujer no era válido en la iglesia ni en el gobierno, no resultaba fidedigno en una corte legal. Jesús igualó el estado de las mujeres al de los hombres al presentarse resucitado ante ellas primero. Él las honró más de lo que había honrado a los hombres. Validó el testimonio público de una mujer con su propia resurrección.

Cuando se habla de los cinco ministerios y de tantas otras «revelaciones» que Dios dio, siempre se utiliza el «orden» en que las cosas están escritas en la Biblia como indicativo de importancia. Por ejemplo, primero vienen los apóstoles y por último los maestros. Entonces deberíamos evaluar por qué Jesús se mostró primero a las mujeres y en último término a los hombres. Eso debería tener un impacto en la estructura de autoridad, liderazgo y enseñanza que tenemos hoy en la iglesia.

¿Cómo es posible que la mujer sea heredera también de la promesa según Gálatas 3 y no sea capaz de enseñar en un púlpito y tener liderazgo o ejercer el pastorado?

Los hombres vamos a tener que quitar de la Biblia esos versos de Gálatas, porque van en contra de nuestra doctrina.

Las cartas de Pablo hacen múltiples referencias a las mujeres como pilares de la iglesia primitiva. Él las menciona, no para que ellas no se «sientan mal»; hace referencia a ellas porque tienen tanta importancia en la historia de la iglesia como los hombres. Pablo no solo las menciona; las libera y lo hace incluso para nuestros tiempos.

Con maestría, Pablo nos deja saber los roles de liderazgo tan importantes que tuvieron las mujeres al mecer la cuna de la infante iglesia, trabajando codo a codo con los hombres que necesitaban de ellas en el Reino.

Ellas, las mujeres a las que hoy les prohibiríamos una posición de enseñanza, liderazgo y pastorado, fueron las columnas principales en el liderazgo, el pastorado, el apostolado y la evangelización a fin de hacer avanzar la causa de Cristo.

El Evangelio de Lucas y el libro de Hechos constantemente describen la igualdad del hombre y la mujer.

En un mismo pasaje, Lucas nos habla de Simeón y de la profetisa Ana. También en un mismo relato nos dice que Jesús sanó a un endemoniado y a la suegra de Pedro.

Más adelante, en una misma narrativa, Jesús, nivelándolo todo, habla de la viuda de Sarepta de Sidón y también de Naamán, el sirio. Trata con el mismo respeto a la mujer «pecadora» y a Simón, que era un leproso.

No hay libro de fe, libro sagrado o libro de cualquier religión en el mundo que le otorgue a la mujer el lugar de prominencia que le da la Biblia.

Ningún líder religioso en la historia ha honrado a la mujer como lo hizo Jesús. Ninguna deidad inventada por la imaginación del hombre le otorga a la mujer el lugar que Dios le da. Lástima que su iglesia muchas veces no tenga la misma opinión.

Mientras que como iglesia marginemos a la mujer, el mundo en que vivimos nos verá como sexistas. ¿Quién va a querer acercarse a un Dios que tiene seguidores hombres que ven a la mujer como igual siempre y cuando no predique, no dirija y no pastoree?

En América Latina sufrimos de esto. No hay líderes de alabanza mujeres. No hay predicadoras. No hay escritoras. No hay conferencistas. No hay mujeres al frente. ¿Dónde están? ¿Qué hemos hecho en la iglesia con ellas? Hay ocho mujeres latinoamericanas por cada hombre, entonces, ¿por qué hay más hombres al frente que mujeres? Solo pregunto.

Y sí, conozco mujeres que cantan. Conozco a predicadoras y escritoras, muchas de ellas son mis amigas y resultan mejores en su campo que muchos hombres internacionalmente conocidos. Sin embargo, aún solo son una minúscula fracción del porcentaje que deberían ser. Eso es porque en la iglesia y las organizaciones cristianas no les damos el lugar que merecen de acuerdo con los talentos, habilidades y dones que poseen.

El movimiento feminista que le dio a la mujer el derecho a votar en una democracia y a tener acceso a los mismos servicios que el hombre en el trabajo y el gobierno, comenzó con mujeres cristianas evangélicas. Si la mujer puede dirigir un movimiento tan

EL MUNDO SERÍA MEJOR SI LES LEVANTÁRAMOS ESCENARIOS Y PÚLPITOS A AQUELLAS QUE CRIANDO HIJOS CIERTAMENTE PUEDEN FORMAR Y LIDERAR GENERACIONES.

121

justo e importante para la humanidad como este, ¿por qué no puede hacer lo mismo hoy en la iglesia?

El mundo sería mejor si dejáramos salir a las mujeres de las escuelas dominicales, si les permitiéramos algo más que solo servir durante las comidas o danzar en la alabanza.

Si son lo suficiente buenas como para danzar, ¿no lo serán para dirigir? Si son lo suficiente buenas como para dar clases en la escuela dominical, ¿no lo serán para predicar? Si son lo suficiente buenas para servir la comida, ¿no lo serán para traer la comida espiritual y enseñar a la congregación?

El mundo sería mejor si les levantáramos escenarios y púlpitos a aquellas que criando hijos ciertamente pueden formar y liderar generaciones.

La iglesia no debe fomentar el liderazgo de la mujer como si fuera un apéndice del hombre, sino dándole el lugar que tiene: ser una compañera que nos ayuda en la tarea de transformar la cultura.

Como siempre, el «mundo» va adelante. Es increíble que en nuestros países existan mujeres que son electas presidentas y directoras de empresas multinacionales, pero no contemos con mujeres que dirijan la alabanza ante multitudes o le prediquen a las masas. Siempre son hombres los que dirigen los cantos y predican en los eventos multitudinarios; no nos atrevemos a darles la oportunidad a las mujeres. ¡Qué cerrados somos!

Luego, cuando la cultura nos llama retrógrados, nos enojamos. Pero la cultura está haciendo un juicio basada en lo que ve; y por lo que se ve, no hemos avanzado para brindarle un espacio de igualdad a la mujer.

Por supuesto, al hablar de igualdad no estoy hablando de las responsabilidades dispuestas por Dios. Sin embargo, cuando el género al que se le dio la responsabilidad está ausente o muestra mediocridad, resulta obvio que el otro género debe tomar ese lugar.

El feminismo llama a las mujeres a parecerse a los hombres, pero desde el principio, en Génesis, la Biblia llama a las mujeres a parecerse a Dios, un nivel más alto.

Tener la responsabilidad de dirigir es una cosa; no permitir que lo haga una mujer sencillamente porque es mujer es una injusticia y está descrito como pecado.

La mujer se debe someter al liderazgo del hombre no por el hecho de que el hombre sea hombre. Se debe someter porque hay un respeto que nace en el corazón de la mujer al ver que ese hombre se somete a Dios. Y por supuesto, someterse a Dios incluye, entre otras cosas, ver a la mujer como a alguien que Dios creó no para servir al hombre, sino para ayudarlo porque él solo no podía.

Cuando ponemos a la mujer bajo el liderazgo del hombre solo porque es mujer, la iglesia pierde y el mundo pierde. El acervo del pozo profundo de una mujer es algo que puede cambiar el mundo, así que dejémoslo en libertad.

Si los hombres en el liderazgo tomamos nuestro verdadero lugar de hombres, no nos preocuparemos por el lugar que tenga la mujer, aun cuando en algunas circunstancias ella lidere sobre nosotros. Al fin de cuentas, si de veras somos los líderes que decimos ser, tendremos la humildad de entender estos conceptos.

Si en verdad somos líderes, lo que nos va a interesar es que el Reino avance. Si sucede gracias al estrógeno o a la testosterona, nos resultará irrelevante. Es el Reino lo que importa.

¿Eres mujer? Tal vez en tu iglesia no crean en todo esto. Está bien, si estás allí, sométete; pero someterse no quiere decir que no tomes liderazgo en tu empresa, tu universidad, tu escuela o el gobierno.

No agaches la cabeza. No bajes la mirada. No eres hombre, eres del género que Dios ha coronado con una gloria única en la creación. Vive libre, sirve libre y humilde. Deja fluir la gloria que Dios te ha dado; esa belleza no es para servir al hombre, es para cambiar al mundo.

EL MIEDO

«BACH NOS DIO LA PALABRA DE DIOS. MOZART NOS DIO LA RISA DE DIOS. BEETHOVEN NOS DIO EL FUEGO DE DIOS. DIOS NOS DIO LA MÚSICA PARA QUE PUDIÉRAMOS ORAR SIN PALABRAS».

INSCRIPCIÓN EN UNA ANTIGUA CASA DE ÓPERA.

Criticamos los escenarios «seculares» y todo lo que tiene que ver con el mundo del entretenimiento.

No obstante, me cuestiono si tenemos la autoridad moral para elevar esa crítica, porque como iglesia tomamos a todos los músicos y los atrapamos dentro de nuestras reuniones y escenarios cristianos.

Hemos creado toda una industria cristiana del entretenimiento y algo a lo que le llamamos arte para mantenernos ocupados, entretenidos y bendecidos en la comodidad de nuestras iglesias. No existe nada malo en eso, con la excepción de que cuando la iglesia hace uso exclusivo del enorme y espectacular talento que Dios le ha dado a los nuevos jóvenes, deja en tinieblas a un mundo necesitado de luz.

Los mejores músicos cristianos deberían estar en los escenarios del mundo, no en los escenarios cristianos.

Como iglesia hemos pecado al intentar acaparar y almacenar los instrumentos más importantes y estratégicos con los que contamos para redimir la cultura.

Pensamos que «cantamos para Dios» cuando lo hacemos en la iglesia y que «cantamos para el mundo» cuando lo hacemos fuera de ella. Sin embargo, no podríamos estar más equivocados; Dios no está más en la iglesia de lo que está en el «mundo».

La causa de Cristo solo puede ser presentada por aquellos que conocen a Cristo, pero debe llegar a los que no lo conocen.

Propongo que abramos las puertas de la iglesia y dejemos sueltos a esos jóvenes músicos impetuosos que tienen la capacidad de cautivar la imaginación de una cultura sedienta de una realidad espiritual con Dios.

Es triste que el mayor porcentaje de la música cristiana que se produce sea para el mercado de la iglesia. La temática es tal, que solo la iglesia la compra. Por otro lado, como cristianos, no queremos comprar otro tipo de música; no la toleramos y hasta la criticamos.

La iglesia no debe apropiarse de los exponentes del arte musical, los debe liberar.

«Tocar para Dios» no significa solo tocar en la iglesia ni ejecutar solo música de alabanza. «Tocar para Dios» es hacerlo para él aunque no tenga lugar en la iglesia y no sea la música que tradicionalmente conocemos como de alabanza y adoración.

Apartar a los músicos «del mundo» para que únicamente «toquen para Dios» no solo da la imagen de que lo que realmente queremos es controlar sus vidas, sino que acarrea graves consecuencias para la creatividad a la que la iglesia ha sido llamada a fin de liderar en medio de la cultura.

Cuando sale un nuevo álbum de algún artista cristiano me pongo contento porque lo voy a escuchar, pero a la vez siento tristeza porque el resto de los músicos cristianos empezarán a interpretar copias exactas de las canciones de ese álbum, y eso se dará aun más si el álbum pertenece a algún artista cristiano de los Estados Unidos y últimamente también de Australia.

Mantener a los músicos dentro de la cultura del pseudo-arte cristiano solo hace que ejecuten mejor su disciplina instrumental, pero no logra que sean más creativos. Esto lo digo a pesar de que considero que los músicos cristianos de hoy en día (por lo menos los que conozco) no solo tienen un talento extraordinario, sino que el nivel al que han llegado en su interpretación no tiene nada que envidiarle al de los mejores exponentes mundiales.

Lo que logramos es regresar a la época medieval, en la que el arte en la iglesia era venerado, pero no resultaba muy original. En este período de la historia el arte no era muy creativo. Nuestros antepasados, esos que se bañaban cada quince días, no solo usaban ropa muy aburrida, sino que tenían una música que sonaba toda igual. En fin, además de los peinados tan raros que vemos hoy en sus cuadros, ellos consideraban estético aquello que copiaban de otros artistas, a lo que le hacían algún tipo de modificación.

Por eso hoy la iglesia debería apoyar la iniciativa de que los mejores músicos cristianos tocaran en bandas no cristianas. Que solo no copiaran a otros, sino que fueran los que mayor contribución hicieran a la creatividad de esas bandas y a lo que «suena» afuera de la iglesia. Porque si no, ¿cómo oirán? No obstante, creo que alguien ya hizo esa pregunta.

El popular filósofo contemporáneo Homero Simpson, siendo

todo un filósofo contemporáneo, en una de sus grandiosas actuaciones dijo: «¡Eso es! Ya me han obstaculizado el camino bastante tiempo. ¡Me voy a la universidad de los payasos!» Y a veces creo que ya hemos obstaculizado bastante el camino de estos músicos inigualables que tenemos en la iglesia. Esos jóvenes que con una pluma podrían escribir canciones que harían historia si tan solo los soltáramos, los dejáramos libres. ¡Sí! ¡Que vayan a la universidad de los payasos!

Es obvio que esas canciones no serán como las canciones a las que estamos acostumbrados en la iglesia, pero no es para la iglesia que se escribirán.

El activista político Andrew Fletcher dijo: «Déjenme escribir las canciones de una nación, no me importa quién escriba las leyes». Con las leyes se rige el comportamiento, con las artes, la conciencia. Es imperativo que liberemos el talento encerrado y permitamos que nuevos y talentosos jóvenes cristianos escriban las canciones de una nación.

La iglesia debería incentivar a los mejores cantantes cristianos a que canten en escenarios no cristianos.

POR ESO HOY LA IGLESIA DEBERÍA APOYAR LA INICIATIVA DE QUE LOS MEJORES MÚSICOS CRISTIANOS TOCARAN EN BANDAS NO CRISTIANAS.

Y debería impulsarlos a que no expusieran allí música de alabanza y adoración; ese es un género importante, pero importante para la iglesia.

Como suele suceder, sé que habrá personas que al no poder debatir correctamente estos argumentos, solo dirán que estoy en contra de la alabanza.

Yo no estoy en contra de la música de adoración y alabanza. Ese es un género que desde el principio Dios ha usado como un medio de expresión tanto de él hacia nosotros como de nosotros hacia él.

Sin embargo, no entiendo por qué pensamos que es el único género temático que existe.

Jesús tiene mucho que decirle a la cultura, y lo más importante no es la alabanza y la adoración (¡uy, qué atrevimiento!). Lo más importante para Jesús son los asuntos del corazón; y ciertamente hay jóvenes con el talento dado por Dios para escribir e interpretar canciones que promuevan los valores cristianos en los asuntos del corazón.

Necesitamos jóvenes cristianos que escriban e interpreten música bella, música que mueva a la audiencia a otros lugares, a nuevas dimensiones.

Precisamente porque existe tanta vileza en el escenario musical no cristiano es imperativo que la iglesia envíe a sus mejores exponentes. Alguien tiene que hablar de Jesús allí. ¿No sería bueno que fuera la iglesia?

Viene el día en que veremos jóvenes galardonados por la cultura en general, no por el mercado cristiano, ni por votantes cristianos. Serán premiados por la sociedad por su contribución al arte musical.

Guardaditos en las bandas de alabanza y encerrados en las sacras paredes de la iglesia cuidando los instrumentos, privamos a nuestros músicos cristianos de ser los agentes transformadores de la cultura por la que Jesús vino a morir.

Las bandas y los escenarios no cristianos merecen ser influenciados por estos jóvenes cristianos talentosos. Si la iglesia tiene miedo de que «se pierdan» es porque en la iglesia misma no les hemos enseñado la solidez espiritual que necesitan para enfrentar ese mundo, pero ese es un problema de la iglesia, no de los músicos.

El temor que tenemos como iglesia a ser influidos por el mundo es infundado. Siempre escuchamos de gente que «se fue al mundo» y a causa de ellos no queremos que otros se arriesguen.

Esto hay que analizarlo bien. Cabría preguntarse: ¿Por qué se fueron al mundo? Tal vez no les gustó la iglesia cristiana. Tal vez nunca «dejaron el mundo». Tal vez no «se han ido al mundo», simplemente ya no llegan a nuestra iglesia.

El «mundo» no es más fuerte que el cristiano. Si el cristiano es débil, es porque la enseñanza de la iglesia es débil.

El argumento es que los levitas estaban apartados para el servicio del templo. Y ese es un concepto correcto y maravilloso.

Sin embargo, para eso vino Jesús, no solo para que el mundo pudiera entrar al templo, sino para que lo que estaba en el templo pudiera también entrar al «mundo».

El velo se rasgó para beneficio de los precreyentes, sí, para los del «mundo». El velo se rompió para liberar el poder que había en el Lugar Santo y que corriera impetuoso por las calles. Los jóvenes cristianos ya no están apartados para el templo. Están apartados para el mundo. Apartados para ser usados en el mundo con el poder transformador de Jesucristo.

Lo sagrado no son los jóvenes bien vestiditos y guardaditos en la iglesia. Lo sagrado es la transformación de la sociedad, porque por eso murió Jesús en el sacrificio más sagrado que se haya realizado.

Al guardarlos como piedras preciosas de un collar que usamos para presumir de lo que tenemos en nuestra iglesia, no dejamos que el mundo vea la belleza de Cristo.

Si nuestros jóvenes no le cantan al mundo, el mundo nunca le cantará a Dios. Lo que hoy se predica en la música popular es una consecuencia de que la Iglesia ha dejado de predicar en la música popular. Las canciones que el mundo literalmente se muere por escuchar yacen en el corazón de esta generación de talentosos jóvenes cristianos que hoy por hoy solo cantan con otros cristianos, entre otros cristianos y para otros cristianos. Me pregunto si eso es ejercer una buena mayordomía de los talentos. Me pregunto si eso ayuda al Reino o solamente a la iglesia.

Nuestros jóvenes deben ser los mejores amigos de los jóvenes no cristianos. No podemos pretender «alcanzar a una nueva generación para Cristo» prohibiéndole a los jóvenes de la iglesia relacionarse con la generación que queremos alcanzar.

Jesús no vino a fundar una iglesia como hoy la conocemos. El contexto era totalmente diferente al de hoy. Por supuesto, dejó establecido su cuerpo: nosotros somos la iglesia. Pero no perdió el tiempo en el proceso administrativo y de planificación de la fundación de la iglesia. El caminó el barrio, el vecindario.

Jesús le dio realeza al barrio. Él vino a cambiar las cosas de adentro hacia afuera, no de afuera hacia adentro. Jesús se fue

AGORAFOBIA | JUNIOR ZAPATA

a vivir a nuestro vecindario y ahí en la calle nos encontró y nos cambió. No vino a visitar nuestro vecindario para invitarnos a una reunión. Se hizo tu mejor amigo aunque no merecías ser su amigo. Jesús arriesgó su reputación al hacerse nuestro amigo. Es uno a uno que se gana al mundo. Es cuando el amigo le habla a su amigo acerca de Jesús.

Pensamos que tenemos que hacer algún tipo de «trampa evangelística» y que los jóvenes de la iglesia deben invitar a sus amigos a alguna actividad dentro de la congrgación para que allí se conviertan. La sociedad ya se ha dado cuenta del engaño, ya sabe para qué los invitamos.

Si estudiamos seriamente la historia, descubriremos que más personas han venido a los pies de Cristo por medio de otro cristiano (evangelización uno a uno) que por los eventos masivos o las reuniones de iglesia. Con esto, no estoy diciendo que no debamos tener esa clase de eventos o invitar a nuestros amigos a la iglesia. Sencillamente quiero que recordemos que la relación uno a uno es la que más éxito ha tenido en la evangelización del mundo.

Creo entonces que le estamos cortando las alas a la generación de evangelistas más impresionante que haya caminado por los pasillos de la iglesia.

Permitamos que vuelen a donde se les necesita. Sí, tal vez no puedan estar en la iglesia en todas las reuniones ni participar de todas las actividades congregacionales, pero estarán realizando lo que Jesús desea que hagan.

Y probablemente tengamos que romper con algunas tradiciones. John Stott, pastor británico y tal vez uno de los líderes más influyentes del movimiento mundial del cristianismo evangélico, dice que la marca de un cristianismo evangélico auténtico no es la repetición automática de las tradiciones, sino tener la voluntad de someter toda tradición, sin que importe lo antigua que sea, a un escrutinio fresco y bíblico, y si fuera necesario, someterla a reforma.

Por lo tanto, tal vez esta valiosa tradición que considera que los músicos son para la iglesia y deben «tocar para Dios» tenga que ser sometida a un escrutinio fresco y bíblico, y si descubrimos que resulta necesario, someterla a reforma.

No puede ser que las canciones capaces de cambiar a una nación no se liberen porque pensamos que la música que es para Dios debe cantarse únicamente en la iglesia y para la iglesia.

No es posible que nuestros jóvenes cristianos no puedan ser los mejores amigos de los precreyentes. Los jóvenes cristianos existen para mejorar el mundo, no solo para mejorar la iglesia. Están para servir en el mundo, ayudando, levantando, sanando, y no solo para servir en la iglesia.

Pablo fue muy claro al decir que no somos salvos por obras. También fue categórico al afirmar que para hacer buenas obras es que somos salvos. ¿Hay algo de esto que no entendamos? ¿Qué parte de «para hacer buenas obras» no comprendemos? Nuestros jóvenes deben aprender a hacer buenas obras fuera de las reuniones de la iglesia. El mundo en que vivimos precisa desesperadamente de las buenas obras del evangelio. Estas «buenas obras» no son un edificio de iglesia, ni un nuevo equipo de audio o de vídeo.

> **NO PUEDE SER QUE LAS CANCIONES CAPACES DE CAMBIAR UNA NACIÓN NO SE LIBEREN PORQUE PENSAMOS QUE LA MÚSICA QUE ES PARA DIOS DEBE CANTARSE ÚNICAMENTE EN LA IGLESIA Y PARA LA IGLESIA.**

Tampoco una linda reunión de jóvenes. Las buenas obras que el mundo anhela no son las actividades y los eventos cristianos, sino aquellas cosas que demuestran con hechos el espíritu bueno de nuestro Maestro y Señor. Los jóvenes que hoy están en la iglesia son los mejores embajadores para realizar esta tarea.

Esto debería responder muchas preguntas:

- ¿En qué invertimos los recursos de la iglesia cristiana? (Incluyendo a los jóvenes.)
- Después de Jesús, ¿la vida de quién nos interesa más?
- ¿Buscamos activamente soluciones para los

problemas sociales?

•¿Participamos de las actividades de nuestro país?

•¿Apoyamos a aquellos individuos y obras que están haciendo el bien aunque no sean cristianos?

Desafortunadamente, la sociedad en general piensa que lo único que los cristianos queremos es que todos vayan a la iglesia. Eso es muy triste porque no tiene que ver con el mensaje de Jesús. Yo sé que es un concepto novedoso para algunos lectores, pero la realidad es que la sociedad necesita más a Jesús de lo que precisa a la iglesia. Con esto no quiero decir que la iglesia no sea necesaria. Estoy poniendo en perspectiva la importancia de hablar de Jesús más de lo que hablamos de nuestra congregación. Pues el hecho es que no es la iglesia la que que salva, sino Jesús.

Como iglesia tenemos que pensar muy bien acerca de la participación y el aislamiento de los jóvenes cristianos de la sociedad. Creo que por amar tanto a la iglesia y sus tradiciones, les hemos enseñado a dejar de amar al mundo por el que Jesús vino a morir. Eso ha hecho que los jóvenes vivan el cristianismo para los demás cristianos y no para cambiar la cultura en la que Dios los ha puesto.

En Juan 2 a Jesús lo «invitaron» a una fiesta; era una boda. Él y sus amigos fueron convidados. Si Jesús no hubiera ido a la fiesta, la fiesta se habría muerto.

La única persona que puede hablar de Jesús es alguien que lo conozca, y si nuestros jóvenes no pueden ser invitados a fiestas o conciertos, ¿quién hablará de Jesús?

¿Cómo nos podemos oponer al llamado a entablar relaciones con «los gentiles» que Dios les hace a los jóvenes de esta nueva generación? A ir «al mundo». A ser sus testigos delante de los que no van a la iglesia. Es el mismo llamado que mi amigo Sergio recibió en Hechos 22: «Vete, yo te enviaré lejos, a los gentiles». Es verdad, nuestros jóvenes tal vez tendrán que «ir lejos», y ya no estarán en todas las actividades de la iglesia que producen recursos para la propia iglesia, pero serán luminares en el cielo oscuro de una cultura que camina sola y perdida en lo profundo de la noche.

Con ese llamado que le hizo a mi amigo Sergio, Dios rompió la tradición de los judíos. Hoy, quién sabe con qué tradiciones estará luchando Dios para lograr que nuestros jóvenes que yacen cómodos y sobreprotegidos en la iglesia vayan lejos, a los gentiles.

Por el avance del Reino, rompamos con los paradigmas y las tradiciones.

Hoy es tiempo de entrar con David al templo y tomar del pan apartado para el sacrificio. De acompañar a Pedro a comer chicharrones y visitar a un grupo de gente «del mundo» para ministrarles.

Hoy, vayamos con Nehemías a trabajar al palacio de Artajerjes, uno de los reyes más viles que hayan existido, y hablémosle de nuestro pueblo. Unámonos a Daniel para servir a tres reyes incrédulos, sí, tres reyes blasfemos y paganos. En medio de esa cultura caldea, meda y persa, brillaremos y estableceremos el reino de Dios.

Hoy, junto con José, trabajemos en las esferas más altas de la política mundial con Faraón, un gobernante moralmente reprensible que se cree un dios. Pero allí, Dios nos usará para cambiar la historia.

Hoy es el día en que con Jesús escupiremos y haremos lodo para sanar al que lo necesita. También hoy, junto con él, romperemos la tradición del día de descanso y trabajaremos para hacer del mundo un mejor lugar en el cual vivir.

Tal vez tengamos que repensar qué es sagrado y qué no. Y romper con la tradición que solo tradición es. Pensar en serio si es por miedo o por principios que no liberamos a nuestros jóvenes para que ejerzan una influencia eterna en la cultura en la que Dios los ha puesto.

135

QUERIDA
DULCINEA

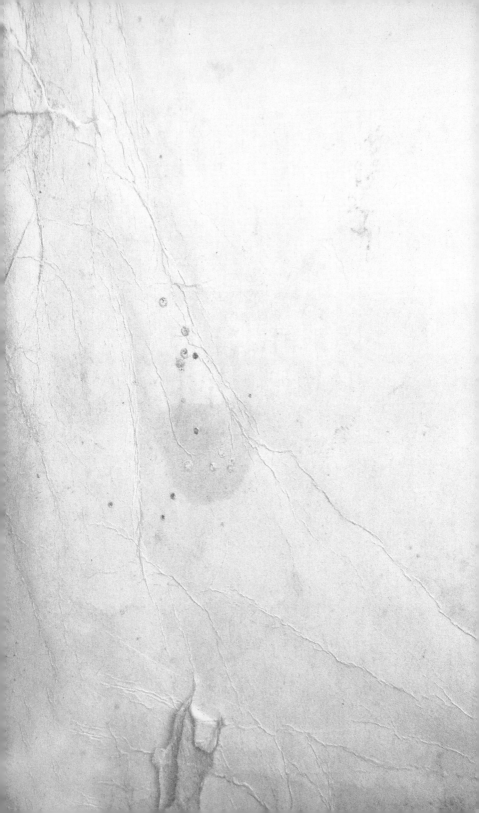

Mi querida Dulcinea:
Tu nombre es Dulcinea. Tu reino, El Toboso, que está en La Mancha. Tu condición debe ser esa: la de una princesa, pues eres mi reina y mi dama. Tu belleza es sobrenatural, porque en esa belleza uno encuentra la realidad de todo lo que es imposible.
Tu reino, El Toboso, es un reino deseado y protegido. Es un reino, digamos, intocable. Cuando las fuerzas de Napoleón asolaban España, decidieron no atacar tu reino porque «era el reino de Dulcinea del Toboso, la amada de don Quijote, el caballero de la triste figura». Nadie acometió en contra de tu reino.
Los débiles y los que no tienen imaginación te ven como ven la realidad: aburrida, material y muy ordenada en tu trabajo.
Algunos te ven como una vieja arrugada y encorvada que no sabe nada de la vida.
Otros te utilizan para sus propios fines. Es como si no pudiendo hacer nada más en la vida, se acercaran a ti para que los mantengas y les des posición social en El Toboso. Quieren que los elijas gobernadores de tu reino y después desean que los sirvas, cuando tú, siendo la princesa más bella, eres la que merece ser servida.
Nadie cree en mí ya. Yo creo en ti.
Hay unos que te quieren elegante, como para un baile de gala. Que uses siempre tu vestido de noche, aquel que te regaló el general. Largo hasta avergonzar al más fino suelo, traído de tierras lejanas. Blanco como tu corazón, con unas vetitas negras que cuando bailas lento destellan rayitos que parecen diamantes. Ese vestido deja ver tu espalda, digna de la envidia de Miguel Ángel.
Quieren que uses tu collar y tus aretes de perlas negras, cada una con su nombre, contando su historia, alardeando de colgar ahí. Cuando usas una pizca de tu perfume preferido, llenas el salón de baile con aromas del Líbano: bouquet de frutos suaves, flores de alheña, nardos, azafrán, caña aromática y canela.
Te quieren elegante para los elegantes, para las fiestas de sociedad y abolengo, porque piensan que la elegancia es santa,

no saben que tú eres quien hace santa a la elegancia. Y cuando entras a la fiesta caminando regia, todos al verte sabemos que eres Dulcinea porque caminas como si fueras dueña del mundo y bailas como si fueras dueña de la luna; no hay nadie como tú. Ninguna otra puede atrapar en un solo suspiro todo el oxígeno del gran salón de baile al deslizarte suave y silenciosamente sobre la corriente de aire que siempre te acompaña.

Los gigantescos candelabros de cristal puro envidian a tus ojos humildes y silenciosos que guardan en su luz la misteriosa historia que pasa del dolor a la alegría, del adulterio a la inocencia. Te quieren elegante. Aunque tú eres la que hace elegante a la elegancia, no necesitas la elegancia para ser quien eres. Yo, yo te quiero como eres. Eres mi querida Dulcinea.

Otros te quieren como siempre. Nunca te han conocido diferente. Su imaginación, siempre carente, piensa que eres como eras y que serás como siempre has sido. Te ven como la señora formal, mi Dulcinea. Nunca ríes, nunca juegas. Nunca haces travesuras porque eres seria, y nunca sonríes como Mona Lisa porque dicen que no conociste la picardía.

Con ellos, formalmente caminas hasta el centro de la imponente basílica como en cortejo real al compás de una música que a veces ni a ti te gusta. Pero siempre humilde y condescendiente, mi Dulcinea, sonríes a la orquesta y mueves la cabeza en aprobación del coro.

Las voces, imitando a los ángeles, cantan una canción que escuchaste una noche de brujas en una pequeña cantina de Alemania mientras tomabas cerveza con su autor, ese alemán algo subversivo e instruído que te amaba. Esa noche, hablaba de casi cien cosas que soñaba con cambiar de ti; tú accedías riendo y llorando con él.

La homilía.... la homilía te conmueve. Elocuencia indescriptible describiendo quién eres, aunque no llega a decir todo lo que eres. Tu mente se nubla un tanto por la retórica del latín mientras tu corazón es cautivado por las pinturas en el techo de cúpulas que también hablan ... hablan reproduciendo el eco casi eterno de los mismos cantos y las mismas lecturas pronunciadas por siglos.

Te quieren seria y formal para los serios y formales. Desean tener el orgullo de conocerte como la dama, la que toma el té a las cinco con tanta aristocracia que hace que la reina de Inglaterra se sonroje al aprender de tu postura. Y allí, en medio de la solemnidad reverente, brillas con sencillez y recato. Y es que eres Dulcinea del Toboso. Eres formal y seria para ellos, yo, yo te quiero como eres. Eres mi querida Dulcinea.

Nadie cree en mí ya, yo creo en ti.

Mi potente corcel es visto por muchos como un potro abandonado que no ha comido en meses. No puedo resistirme a burlarme de tan semejante tontería. Si no fuera por mi semental, no podría encaminarme a pelear por ti, mi Dulcinea. No importa lo que otros crean de mi rocín, yo sé lo que tengo. No escucharé las voces de la mentira y la cobardía; voy por ti mi Dulcinea, llego por ti porque sueño contigo.

Mi figura no es imponente, pero mi corazón es hidalgo.

CANTAS, ACTÚAS, HACES DRAMA Y ESCRIBES NOVELAS. TIENES TU ASESOR DE IMAGEN, UNA PEINADORA, MÁNAGER Y PÁGINA WEB. ¡ERES MARAVILLOSA! ¿QUIÉN COMO TÚ?

Mi armadura de bronce puro resistirá cualquier ataque de quien pretenda obtener lo mejor de mí.

Están también los que te ven como estrella de cine o artista musical. Pretendiendo hacerte más grande que Hollywood, proyectan tu imagen en pantallas que enanan al edificio más alto. Te ven usando lo último de la moda mientras pasas de la pasarela al escenario. Las luces, adictas a tu sonrisa, no dejan que desaparezcas tras la millonaria explosión de cámaras que disparan para saciar su necesidad de estar cerca de la dama, la fama y la lana.

Cantas, actúas, haces drama y escribes novelas. Tienes tu asesor de imagen, una peinadora, mánager y página web. ¡Eres maravillosa! ¿Quién como tú?

Y sigues siendo mi querida Dulcinea.

Te ven en la ciencia, en el arte, en los juegos de vídeo y hasta en el cine independiente. Aguantas un rato el bullicio de lo relevante y el colorido de los vídeos. Igual, terminas el día amando a los que así te aman porque así te aman. Yo, yo te quiero como eres.

Y me dicen que no soy quien digo ser. Pero yo sé quién soy. Me dicen que no eres quien pienso que eres, pero yo te sueño, te nombro y te traigo a la realidad. Yo soy el que ve lo que realmente eres. Me apasiona soñar contigo.

Cuando lleno mi corazón de ti, mi querida Dulcinea, me parece que todo es posible. No hay gigante que me aguante ni desierto que se oponga. Por ti, mi Dulcinea, hasta la muerte.

Unos hay que te ven con el pelo pintado de colores indescriptibles y con metales protuberantes cuasi precisos en tu nariz, en tus labios y quién sabe dónde más. Te hacen escuchar música estridente y de la que dicen que mata a las plantas. No te ven bailando ni danzando. Te ven brincando, desenfrenada como si un fuego te quemara. Y ese escándalo lo haces ver tan santo que hasta el tiempo se detiene ante tu presencia para permitir que cualquiera baile contigo, porque para eso existes, mi querida Dulcinea, para eso existes.

Y no te dejan ni te sueltan los que te llevan al club, a la discoteca y al antro. Y vas con ellos con gusto y emoción. Vibras llena de energía santa en medio de otros que pudiendo ser como tú, han escogido ser distintos. No te ofende ni te enoja, te entristece, pero el amor puede más y regresas a la pista de baile con hijas, las que allí te han llevado. Pasas la noche saltando, gritando y soltándolo todo hasta el amanecer; ese amanecer que fue hecho para ti, mi querida Dulcinea, ese Sol, esa Estrella de la Mañana es lo tuyo.

Y están aquellos que ni saben que eres Dulcinea. Te viven y te sienten todos los días. No saben que puedes existir; sin embargo, sus vidas son mejores porque existes. Te encuentran con facilidad sin buscarte y sin preguntar por ti. Es como si vivieran en ti, mi querida Dulcinea. Te aman y ni saben que te aman. Yo, yo te quiero como eres.

Loca, elegante, formal y apropiada, sea como fuere que te miren, para mí, eres mi querida Dulcinea, y yo seré tuyo hasta la muerte.

Que «no vales la pena» me dicen los que no creen en ti, y ni repetiré lo que me dicen los que no creen en mí.

Afirman que soy un tonto por pensar que soy tu paladín, pero prefiero parecer tonto a los ojos de ellos y no ante tus ojos. Dicen que no te quiero porque no te veo como eres, que es parte de mi locura describirte como te veo, como te sueño.

Yo ya te vi, ya me enamoré. Me dicen que estoy loco y que soy un soñador. Sí lo soy. Entonces insisten en que me someta a la realidad y al orden de las cosas. Pero tú, mi Dulcinea del Toboso, me desordenas los pensamientos y me alborotas mis sueños.

Muchos otros te ven como te quieren ver: vieja, arrugada, amargada, pasada de moda y llena de imperfecciones, pero yo comienzo mis cartas con el corazón en la mano: «Mi querida Dulcinea», porque sigues siendo ese alguien para mí. Nada te puede quitar eso, eres mi querida Dulcinea.

Y tal vez la más grosera realidad sea la que me cuentan, pero mi más alta ilusión es la que imagino. En mi libro la imaginación es más grande que la realidad, porque me hace ver lo que no es como si fuera, caminar sin ver... como dijéramos.

En mi aventura, sí me encontré con la Tolosa y la Molinera, muy seductoras por cierto, sentí su aliento de miel y toqué su pelo de seda. Mi corazón golpeaba en mi pecho como salvaje encadenado queriendo salir, pero mi espíritu le recordaba a quién pertenecía; a ti, mi querida Dulcinea.

Vi en los ojos de estas dos damas del partido la libertad fingida de un ave que vuela libre pero se va a pique. Ellas seductoras y tenaces me querían distraer de mi misión, pero el Viento nos recordó a todos cuál era la misión de este caballero hidalgo.

Mirándome a los ojos con su mano en mi pecho, una me dijo, vete de entre nosotras, eres otra clase de hombre, le perteneces a otra, a alguien más noble que nosotras. Y así, me pusieron mi armadura y mis zapatos de guerra, me enviaron a buscarte porque sabían que te amaba. Me alegré de no haberme distraído; más vale la pena en el rostro que la mancha en el corazón.

A mi imponente Rocinante le sucedió lo mismo, unas yeguas en celo hicieron que corriera tras ellas, y como suele suceder en estas circunstancias, cuando el corcel se vio entre ellas, lo recibieron a patadas y no con amores. ¡Pobre equino, pero hasta el hombre pasa de hombre a equino cuando así se distrae!

¡Qué dolor amarte!

¿Quién ordena este terrible dolor que adoro y siento? Tal vez el único que te puede amar más que yo. Él es otro Autor, el de toda literatura. Y toda literatura existe porque es la única prueba de que la realidad existe. Él es el dueño del significado y del sentido. Es la misma Palabra la que escribe y la misma Palabra que se escribe. Es sujeto y predicado. Otro autor está equivocado, este no solo es verbo, también es sustantivo. Solo alguien así te puede amar más aunque no existas, y si no existes escribe de ti para traerte a la existencia y así amarte y dejarme amarte.

Traté de olvidarte una y otra vez, y me sentí como Borges, pues hubo noches en que me creí tan seguro de poder olvidarte que voluntariamente te recordaba. En otras, me sentí como Cervantes, mi imaginación enloquecía.

144

Dicen que en realidad eres Aldonza Lorenzo, moza de chapa, hecha y derecha, y de pelo en pecho. Para mí, para mí tú eres Dulcinea. Le digo a Sancho que dos cosas solas incitan a amar más que otras. Ellas son la mucha hermosura y la buena fama, y esas dos cosas se hallan consumadas en ti, porque en ser hermosa, ninguna te iguala, y en la buena fama, pocas te llegan.

Sancho (¡ese sí está loco!) me dice que no pelee por ti contra los gigantes, porque no son gigantes; él dice que son molinos. No escucho a la voz de la mentira, a los que me dicen que no se puede; yo, por ti mi Dulcinea, contra los gigantes hasta la muerte. Mis amigos y los que gobiernan los pueblos me han tomado preso para llamarme al orden y la cordura, pero puede más mi locura. Aunque solo y solitario, yo embisto a los gigantes con la seguridad de que es por ti. Si me trae la muerte, la muerte será. Tú lo vales mi querida Dulcinea, soy tuyo hasta la muerte. Siempre he finalizado mis cartas con «Tuyo hasta la muerte», porque no sé si veré antes de morir el sueño que tengo tengo de ti, mi querida Dulcinea, pero no por eso dejo de despertar cada mañana.

Lucho contra los imposibles y los incongruentes por ti. Insisto, son gigantes y me volcaré contra ellos. Si otros se ríen, que se rían. Yo, tuyo hasta la muerte, mi querida Dulcinea. Cuando firmo, lo hago como «El caballero de la triste figura», porque por ti estoy triste. Confieso, a veces me invade el temor y la tristeza. Me toma por sorpresa la tentación de desistir del sueño que tengo tengo de ti y creer que sí son molinos y no gigantes. Pero el amor vence al temor, vence al miedo a morir a manos de los gigantes. Seguro estaría en mi rancho, lujoso castillo en La Mancha. Allí permanecería sin la amenaza de los gigantes, sin la crítica de otros caballeros y sin el rechazo de los gobernantes.

Sin embargo, no es para eso que vivo, no vivo para vivir seguro, porque si no te veo como te sueño, no tengo por qué vivir.

PERSEGUIRÉ LOCAMENTE EL SUEÑO MÁS VALIOSO QUE UN HOMBRE O UNA MUJER PUEDE TENER; EL VERTE COMO EL AUTOR TE SUEÑA A TI, MI QUERIDA DULCINEA.

Me envuelve la tristeza de la soledad en esta aventura a la que he sido llamado. Grito y solo escucho el eco de mi voz, porque siento que no hay nadie más.

Sancho, Sancho duerme durante las largas y solitarias noches en que pienso en ti, mi bella Dulcinea.

Me encorvo al cabalgar por el peso del cansancio y el dolor de saber que esta es mi sola aventura, dada a mí para ti y, tal vez, pronto termine.

Y sí, soy el caballero de la triste figura, está bien; eso seré. Cabalgaré hidalgo y soñador a la aventura más maravillosa que a alguien se le haya dado. Perseguiré locamente el sueño más valioso que un hombre o una mujer puede tener; el verte como el Autor te sueña a ti, mi querida Dulcinea. Te amo.

Tuyo hasta la muerte,

El caballero de la triste figura.

Notas

Notas

Notas

RAÍCES
Félix Ortiz - Annette Gulick
Gerardo Muniello

Si ya no te entusiasma un ministerio solo basado en eventos...si añoras crecimiento a largo plazo y un fruto perdurable...necesitas Raíces: Pastoral juvenil en profundidad. Este material usa a Jesús como modelo, centrándose en procesos, en vez de eventos.

Es sumamente práctico. Da los pasos para formar un grupo de líderes y te provee de material para hacerlo. Tiene módulos acerca de la puesta en práctica y cómo afrontar las barreras más comunes. Además con la compra del libro recibes acceso a material de apoyo en la web: hojas de trabajos listas para usarse y un curso de Pastoral Juvenil por medio de clases animadas e interactivas.

CÓMO AYUDAR A JÓVENES EN CRISIS
Rich Van Pelt - Jim Hancock

Es imposible trabajar con jóvenes sin enfrentar al menos algunas crisis. Saber qué hacer, a quién acudir, cómo mediar el conflicto y administrar todas las variables involucradas requiere sabiduría y experiencia y eso es lo que traen Jim Hancock y Rich Van Pelt. Los autores describen algunos de los peores escenarios, incluyendo el abuso de sustancias, la violencia, el abuso sexual, desastres naturales y la muerte y cómo lidiar con un individuo o con todo el grupo de jóvenes en medio de esas circunstancias. Los autores han estado involucrados durante la matanza de Columbine y otras tragedias en los Estados Unidos y son verdaderos profesionales en el manejo de conflictos. Un libro que no puede faltar en la biblioteca de líderes responsables.

CONSEJOS
DESDE EL FRENTE
Editado por Lucas Leys

Una colección de los mejores consejos prácticos de los más destacados especialistas en pastoral juvenil.

Este libro te servirá para mejorar tus programas, afianzar tus relaciones, dinamizar tus actividades y producir un impacto duradero en la vida de los jóvenes de tu ministerio. Lucas Leys, Jeffrey de León, Félix Ortiz, Junior Zapata, Annette Gulick, Russ Cline, Gloria Vázquez, Jay Arisso, Paolo Lacota, Esteban Obando, Aarón Arnold y muchos más.

500 IDEAS PARA
EL MINISTERIO JUVENIL
Lucas Leys

¿Estás listo para que tus jóvenes digan "WOW"?
¿Estás lista para que tus jóvenes digan "¡ESO SI ESTUVO BUENO!"?
Ideas prácticas. ideas locas, ideas específicas, ideas inéditas, ideas justas,
ideas para casi todas las necesidades del ministerio juvenil.
Un pequeño libro que te va a ayudar a elevar el nivel de eficacia y creativi-
dad de tu ministerio.
Una colección de ideas seleccionadas por uno de los ministros más
ocurrentes e inovadores de la Iglesia de hoy.

EL MINISTERIO
JUVENIL EFECTIVO
LUCAS LEYS

Este libro contiene ideas, principios y conceptos que no están en ningún otro libro de liderazgo juvenil.

En *el ministerio juvenil efectivo* conversarás con uno de los más respetados ministros de la juventud acerca de:

• Cómo entender las cuestiones íntimas del desarrollo
• Cómo enfocarse en la gran meta y los cuatro propósitos del ministerio juvenil
• Cómo elaborar programas acertados y actividades que produzcan una explosión
• Cómo trabajar relaciones significativas y seguir mejorando tu discipulado
• Cómo ejercitar un liderazgo sobresaliente
• Cómo hacer contacto con la cultura que queremos invadir

Se trata de un libro indispensable para quellos que desean alcanzar y discipular a la juventud de una manera cada vez más excelente.

LA GENERACIÓN EMERGENTE
JUNIOR ZAPATA

Un libro que te forzará a pensar acerca de las nuevas generaciones y la
relación que la iglesia debería tener con ellas. Una propuesta desafiante en
cuánto al quehacer de la iglesia y los jóvenes. La tormenta cultural que está
empezando cambiará la vida espiritual de las nuevas generaciones y la
iglesia deberá estar lista para afrontarla. ¿Cómo ganar la batalla por la
mente y el corazón de las nuevas generaciones? ¿Cómo utilizar el lenguage
de las nuevas generaciones sin cambiar la esencia del evangelio? Este libro
nos lleva por senderos que muchos solo hemos imaginado. Se plasman
pensamientos que hasta ahora pocos han declarado. Escrito para retar la
imaginación y la mente de los líderes cristianos, después de leerlo, no
pensarás igual.

LA IGLESIA EMERGENTE.
DAN KIMBALL

El movimiento del buscador sensitivo revolucionó la forma en que hicimos iglesia y le presentamos a Jesús a muchos de la generación X. Sin embargo, la tendencia muestra que las generaciones postcristianas de hoy no están respondiendo como las generaciones que les antecedieron. Mientras entramos a una nueva era cultural, ¿qué hace parecer que los servicios de adoración están conectando con los corazones de las generaciones emergentes? ¿Cómo necesitan cambiar la predicación, el liderazgo, el evangelismo, la formación espiritual y, más que todo, la iglesia? *La iglesia emergente* va más allá de la sola teoría y ofrece formas prácticas de asistirte en medio de tus circunstancias en la iglesia local. No hay un modo totalmente correcto, ningún modelo para que todos emulemos. Sin embargo, sí hay algo mejor. Dan Kimball lo llama «cristianismo clásico». Un regreso fresco a un ministerio misionero no apologético, sagrado, histórico y centrado en Cristo. El cristianismo clásico conecta con las nuevas generaciones de buscadores que están abiertos espiritualmente, pero no están interesados en la iglesia. Para pastores, líderes y cristianos concernidos, Kimball ofrece una exploración cautivante y fácil de captar de la cultura cambiante de hoy, y brinda una idea de las nuevas clases de iglesias que están emergiendo en medio de la misma. Incluye comentarios de Rick Warren, Brian McLaren, Howard Hendricks y otros.

PRESENTA

LA CAPACITACIÓN DINÁMICA PARA LOS MEJORES LÍDERES JUVENILES

ESTE ES TU LUGAR

Nos agradaría recibir noticias suyas.
Por favor, envíe sus comentarios
sobre este libro a la dirección
que aparece a continuación.
Muchas gracias.

vida@zondervan.com
www.editorialvida.com